北京大学新中国留华校友口述实录 丛书
夏红卫 孔寒冰 主编

执着的汉语史学家

法国著名汉语语法学家
阿兰·贝罗贝教授口述

孔寒冰 编著

北京大学出版社
PEKING UNIVERSIYT PRESS

图书在版编目(CIP)数据

执着的汉语史学家：法国著名汉语语法学家阿兰·贝罗贝教授口述 / 孔寒冰编著. — 北京：北京大学出版社，2018.4
（北京大学新中国留华校友口述实录丛书）
ISBN 978-7-301-28936-5

Ⅰ.①执… Ⅱ.①孔… Ⅲ.①阿兰·贝罗贝–回忆录 Ⅳ.① K835.655.5

中国版本图书馆CIP数据核字（2017）第266886号

书　　　名	执着的汉语史学家：法国著名汉语语法学家阿兰·贝罗贝教授口述 ZHIZHUO DE HANYUSHIXUEJIA: FAGUO ZHUMING HANYU YUFAXUEJIA ALAN BEILUOBEI JIAOSHOU KOUSHU
著作责任者	孔寒冰　编著
责 任 编 辑	李冶威　丁超
标 准 书 号	ISBN 978-7-301-28936-5
出 版 发 行	北京大学出版社
地　　　址	北京市海淀区成府路205号　100871
网　　　址	http://www.pup.cn
新 浪 微 博	@北京大学出版社　@培文图书
电 子 信 箱	pw@pup.pku.edu.cn
电　　　话	邮购部 62752015　发行部 62750672　编辑部 62750883
印 刷 者	北京市松源印刷有限公司
经 销 者	新华书店
	889毫米×1194毫米　32开本　8.5印张　230千字
	2018年4月第1版　2018年4月第1次印刷
定　　　价	49.00元（精装）

未经许可，不得以任何方式复制或抄袭本书之部分或全部内容。
版权所有，侵权必究
举报电话：010-62752024　电子信箱：fd@pup.pku.edu.cn
图书如有印装质量问题，请与出版部联系，电话：010-62756370

"北京大学新中国留华校友口述实录丛书"编委会

顾　　　　问：	郝　平　林建华　田　刚
	王　博　朱善璐　李岩松
编委会主任：	夏红卫　孔寒冰
编　　　　委	（按姓氏笔画排序）：
	丁　超　马　博　王明舟
	王　勇　宁　琦　任羽中
	孙祁祥　孙秋丹　李宇宁
	张　帆　陆绍阳　陈峦明
	陈晓明　陈跃红　周　静
	孟繁之　项佐涛　赵　杨
	贾庆国　高秀芹　康　涛
	蒋朗朗　韩　笑
主　　　　编：	夏红卫　孔寒冰

"北京大学新中国留华校友口述实录丛书"
总序

在几千年的文明发展进程中,中华民族形成了开放包容、和谐共生的文化传统。作为中国近代第一所国立大学,近一百二十年来,北京大学厚植中华文明沃土,饱览时代风云变幻,积极致力于"东学西渐"和"西学东渐",以开阔的视野和胸襟,为生于斯、长于斯的中华民族,也为人类命运共同体培养了一大批优秀人才,在中外关系特别是人文交流方面做出了巨大贡献。

1952年9月,"东欧交换生中国语文专修班"的14名外国留学生调整到北京大学,标志着中华人民共和国成立后北京大学来华留学工作的开始，六十多年来，北京大学已经培养了9万多名各种层次的国际学生，他们遍布世界各地的近190个国家和地区。北京大学的国际校友人数众多，覆盖国家和地区广泛，社会贡献突出而令人瞩目。他们来华留学的时段跨越了不同历史时期，亲眼见证了中国发生的翻天覆地的变化。更具体地说，他们构成了中国来华留学教育史的一部缩影，既是中国历史的见证者，又都在不同程度上是中外文化交流的探索者与践行者。许多学成归国的留学生已成为所在国同中国交流的重要桥梁。还有许多国际校友在本国政治领域、经济领域和外交领域里努力工作，对于祖国的发展和与中国的友好关系做出了杰出贡献。

面向国际社会讲好中国故事，是加强中外人文交流的有效途径。北京大学国际校友的人生经历和他们讲述的中国故事，为理解中国的政治、外交、文化、教育的历史提供了独特的海外视角。不仅如此，他们对中国有深刻的理解和特殊的感情，在本国甚至在国际社会有较高的声望，是让国际社会全面了解中国的重要渠道。"北京大学新中国留华校友口述实录丛书"收集和整理的就是北京大学国际校友的成长记忆，重点讲述他们与中国特别是与北京大学的故事。通过对国际校友进行口述文献的采集、整理与研究，可以使国内更多的读者听到"中国好声音"和"中国故事"。此外，本套丛书还有助于系统梳理来华留学教育工作在不同历史阶段的发展历程和人才培养成果，为留学生教育总结经验，拓展学术研究领域，丰富国际关系史和国别史研究内容，进而推进北京大学对外开放和"双一流"建设。

2015年，本套丛书的编辑出版工作正式启动，由相关学科的专家学者对一些国际校友进行访谈，在此基础之上整理、出版了这套丛书，通过这种形式配合国家做好大国形象的构建，推动开展中外人文交流。在策划、出版这套丛书的过程中，作者努力以严谨的科学态度保证它们具备应有的学术价值和历史文献价值。考虑到口述者的特殊经历、个人情感以及因时间久远而造成的记忆模糊等因素，作者通过访谈第三方、查找资料等方式对口述内容进行考订、补充，成稿后又请口述者进行了校正。尽管如此，由于各方面水平所限，丛书中肯定还有不准确甚至错误之处，敬请读者批评指正。

启动两年以来，本套丛书受到了各界的关心、支持，也得到了许多领导和专家的指导、帮助。在这期间，丛书编委会的一些成员职务发生了变化，不断地有更多领导和专家加入进来，相关的访谈成果会越来越多、质量越来越高。

谨以此书献给数以几万计的北京大学的国际校友，献给所有关心、支持、参与来华留学事业的人，献给北京大学 120 岁生日。

编委会主任　夏红卫　孔寒冰
2017 年 11 月

Contents | **目录**

- 001 | 引　言
- 006 | 一　从波尔多到北京
- 015 | 二　在燕园读书的日子
- 026 | 三　法中领导人的"兼职翻译"
- 029 | 四　我的学术人生
- 048 | 五　贝罗贝教授的学术成就
- 058 | 六　贝罗贝教授65岁生日聚会上的贺词
- 062 | 七　欢迎贝罗贝教授的致辞
- 065 | 八　北京大学"大学堂"讲学之一
- 080 | 九　北京大学"大学堂"讲学之二
- 093 | 十　早期"把"字句的几个问题
- 114 | 十一　汉语的语法演变——论语法化
- 148 | 十二　语义演变理论与语义演变和句法演变研究

196 | 十三　汉语方位词的历时和类型学考察

221 | 十四　近代早期闽南话分析型致使结构的历史探讨

240 | 十五　二十世纪以前欧洲汉语语法学研究状况

259 | 致　谢

引　言

阿兰·贝罗贝教授是我访谈的第五位北京大学国际校友。他个子不高，但待人亲和，脸上总挂着一种纯真、灿烂的笑容，让人有一种天然的亲近感。与他交谈，轻松快乐，甚至可以说是一种享受。在访谈贝罗贝教授之前，我完成了对法国教育部汉语总督学白乐桑，罗马尼亚前驻华大使罗明、萨安娜夫妇，巴勒斯坦前驻华大使穆斯塔法和法兰西科学院院士、历史学家巴斯蒂的访谈，成果分别以《"黑脚"的汉语之路》《中罗两国的桥梁》《中国，我的第二故乡》《在历史与现实间探寻中国》为名出版了。对贝罗贝教授的访谈用时比较长，这主要是由于我们的工作都比较忙，时间总是不合适。经过反复沟通，2015年7月，贝罗贝教授来北京大学讲学期间，我们在临湖轩进行过两天的访谈。2016年5月中旬，我又专程到了法国，在巴黎蒙帕那斯车站不远的假日饭店里，我们进行了三天的访谈。

与其他被访的国际校友相比，贝罗贝教授似乎不仅"不善言谈"，而且"被动性"比较强。他有很多值得讲述的故事，如曾经夫妻一同留学中国，在未名湖畔度过数个浪漫春秋。又如，学成回国后，他曾为法中两国领导人以及两国政府代表团会谈做翻译，见证了中国改革开放后法中关系的发展。再如，他在中国学习期间目睹了"文化大革命"的状况，以后在无数次来华过程中又见证了中国的巨大变化。不过，对于这些，贝罗贝教授似乎没有太大的兴趣或者不愿意过多提及，而乐此不疲的是讲述他的学术研究。记得我们第一次访谈时，他只用了差不多半小时就将自己七十多年的人生经历讲完了，真的是高度概括，这是始料不及的。可是要想将访谈整理成书，至少也得几万字吧，我只好不断地追问他。因此，我们的访谈记录中重复之处非常多。实际上，贝罗贝教授的人生经历虽然不算坎坷，也没有大起大落，但丰富多彩并偶有曲折。只是在他的讲述中，一切都是那么平和、平淡和平常，行云流水，就像是不见高山也没有深谷。

1944年，贝罗贝教授出生在波尔多市的一个铁路工人家庭，在那里完成了小学、中学和大学教育，1972年进入法国社会科学院工作。1973年贝罗贝教授作为法国第一批交换生来华留学，先在北京语言学院学习，1974年至1976年在北京大学中文系学习并完成了博士论文的写作。回国之后，除了继续自己的学术研究之外，贝罗贝教授还给包括总统在内的法国领导人做过翻译。但是，贝罗贝教授最喜欢的还是研究汉语语法的历史演变，在这方面做出了突出的成就，先后发表了《双宾语结构从汉代到唐代的历史发展》《早期把字句的几个问题》《论差不多、几乎、差点：一个汉语的语法对比语言学问题》《古代汉语中的动之名结构》《上古汉语疑问代词的发展与演变》《二十世纪以前欧洲汉语语法学研究状况》《汉语的语法演变：论语法化》《语义演变与语义演变和句法演变研究》《汉语意愿动词的历史演变》《汉语历史语法与类型学》《"老乞大"的个体量词和语言循环现象之关系》《西汉初期的概数表达》等有影响的学术论文。另外，早在20世纪70年代末80年代初，贝罗贝教授就在法国出版了330多页的《现代汉语语法讲义》。由于这些学术成就，贝罗贝教授被中国大陆、中国台湾以及美国的许多大学和研究机构聘为客座教授或研究员。2014年，中国社会科学院语言研究所出版专集纪念贝罗贝教授的70岁生日。

在访谈中，我问贝罗贝教授："您对汉语语法研究的主要贡献是什么？"他总是非常谦虚地说："这个我自己不好评价，我可以向您介绍一些同行，也是我的朋友，您可以看看他们写的相关评论，也可以采访一下他们。"根据他的建议，我在整理访谈录音的同时，又请北京大学国际合作部的陈峦明先生帮助，搜集了有关贝罗贝教授的各种评论文章，采访了北京大学中文系蒋绍愚教授。蒋绍愚教授与贝罗贝教授相识多年，而且都从事语言学研究，对贝罗贝教授的人品和学术水平有比较全面的了解，对他的评价也很恰当。另外，中国社会科学院语言研究所曹广顺研究员、美国加州伯克利大学王士元教授2009年在祝贺贝罗贝教授65岁生日时的致辞，也对他的人品和学识做了高度评价。在得到贝罗贝教授的授权后，我也将它们收入书中。

访谈稿整理出来后，我请贝罗贝教授审阅。他老人家大笔一挥，几个大大的叉号将一半的内容"枪毙"掉了。我能够理解贝罗贝教授的做法，因为他看重的是自己的学术研究和学术成果，而对其他方面的内容并不太在意。可是，我要完成一本书的任务，怎么办呢？我只好在贝罗贝教授的学术成果上打主意。然而，贝罗贝教授的研究专业性非常强，我完全不懂，无法像介绍萨安娜、巴斯蒂、白乐桑和穆斯塔法等校友的学术成果那样介绍他的学术成果。最后，我决定用北京大学中文系古汉语教研室整理的贝罗贝教授的两次演讲稿和六篇学术论文来充实、拓展访谈的内容，使读者能从我的访谈、学者们的评价和他自己的著述三个维度来认识贝罗贝教授。需要说明的是，限于篇幅和为了便于阅读，我删去了贝罗贝教授这六篇学术论文插在文中和放在文后的参考文献，但在文末标出了原文的出处。

总之，透过本书的这些文字，读者不仅能够清楚地了解贝罗贝教授的学术生涯，也可以切实地感受到他对中国文化的执着，还可以发现他对北京大学、对中国的友好真情。

一
从波尔多到北京

1944年,我出生在波尔多,我爸爸在铁路系统工作。波尔多是法国西南部的一个城市,那儿的葡萄酒是很有名的。我在波尔多读完了小学、中学和大学。1962年,中学毕业以后,我考上了波尔多大学。那时候,出身工人家庭的年轻人能够上大学的不是很多。有意思的是,1973年到了中国以后,因为我出生在一个工人家庭,而成了一名北京大学的工农兵大学生。当时,中国有一部革命京剧样板戏叫《红灯记》,里面的主人公叫李玉和,他就是一个铁路扳道工。所以，我到中国之后很多人都跟我说："你出生在一个革命家庭啊，你爸爸跟李玉和一样，都是铁路工人。"其实，由于出生在一个工人家庭，我能够读完小学、中学，再上大学是很不容易的。我中学毕业后就开始工作，后来上大学的时候更是一边工作一边学习。

1962年上大学时，我对人文科学很感兴趣。在人文科学里，我曾考虑要不要上历史系，因为我对历史很感兴趣。但是，我更喜欢学习语言。波尔多离西班牙不远，所以我想要上西班牙语系，因为我在中学时对语言就比较感兴趣，学习过西班牙语。上了大学之后，英语是必修的课程，所以我也学了英语。我们现

1949年，幼儿园

1951年,小学

在写学术文章常常用英语,不用法语,因为法语没人看得懂,所有国际科学方面的通用语言是英语。当时,波尔多大学在法国算是一所很好的大学。在法国,波尔多也是一个大城市。波尔多大学有一些科系是比较有名的,特别是人文社会科学方面,其中西班牙语系不仅是波尔多大学,在当时的法国也是最好的系。但是,我最后还是决定学习汉语,于是就选择了中文系。当时法国只有两所大学有中文系,一个是波尔多大学,另一个是巴黎大学,其他地方都没有。现在,法国各地的大学差不多都有中文系。在当时的波尔多大学中文系，我们只学文言文，也就是古代汉语，看《论语》《孟子》之类的书。教我们的老师当中也没有中国人，就是一个法国汉学家。他是很传统的汉学家，只对古代汉语感兴趣，所以我们的老师不会说汉语，学生也不会说。我上中文系就是学习古代汉语和文言文。不过，我同时还兼修了普通语言学，所以我大学毕业时有两个学士学位，一个是中文的，一个是普通语言学的。1967年，我从波尔多大学中文系毕业了。后来，我又在此读了硕士，毕业论文的内容是关于毛泽东主席在延安文艺座谈会上的讲话。

在那个时代，波尔多大学中文系同现在的中文系是完全不一样的。当时波尔多大学的中文系学生很少，就我们三四个人。我记得，我上一年级时有三个学生，老师只有一个。这位老师是一个教授，是研究中国汉朝的专家，专门研究《史记》和《汉书》。他的文言文很好。所以，他教我们的汉语就像诗的语言一样。我们学的主要是古代汉语、文言文，直到今天我还在研究古代汉语语法。在波尔多大学中文系的这几年，我们学了不少与此相关的课程。比如，大学一年级和二年级的时候，我们学了清朝的一个著名戏剧《长生殿》。此外，我们还学了《论语》《孟子》《韩非子》、魏晋南北朝的《世说新语》、唐朝诗人李白和杜甫的诗、元朝的杂剧等。我对这些都非常感兴趣。其实，这些东西现在对中国人来讲也是很难的。那时候，法国学者虽然不会说中文，但可以是一个很好的汉学家。法国最有名的汉学家雷慕沙，也是法兰西学院的教授，就不会说中文。18世纪或19世纪的法国汉学家都不会说中文，但认识很多汉字，都很懂中国的古典文献。

您可能有些奇怪，当时的汉学家是怎么懂那些汉字的呢？我们又是怎样学中文的呢？我们可以学汉字，不会说也可以写汉字啊！就像学拉丁语一样。实际上，那些汉学家就是专门研究汉字和书面语的。现在，当然相反了。你要学一门外语，首先要学说、读、写。可是，那时候是比较传统的，特别是在1968年以前。1968年，法国发生了规模很大的学生运动，实际上也是受中国"文化大革命"的影响。此后，法国就改变了这个传统。在那个时代，我们学中文不是很容易。我们学《论语》，老师就给我们讲注释，而且完全用法语来解释。所以，我1973年到中国的时候，到的第二天就能看《人民日报》，大概能看懂60%或70%。但是，张嘴说话就不行了。大概过了三个多月，我们的汉语水平就有了极大的提高，中文讲得已经挺好了，因为我们在中国生活。

就在我大学毕业、开始读研究生的时候，法国发生了1968年事件。当时，我在波尔多也参加了这场学生运动，有比较深刻的记忆。学生当中有好几个政治派别，其中受法国共产党影响比较大的一个是托洛茨基派，另一个是毛派。法国为什么会发生1968年"五月风暴"？毫无疑问，肯定是人们对社会现实不满的原因。在1962、1963年就开始有人对社会现实、对政府不满意，特别是学生，他们不满意那些老师，不满

1968年，参加"五月风暴"

意那些觉得自己很重要的大牌教授,所以学生就要起来造反。但是刚开始的时候,学生们还不大敢。后来,中国发生了"文化大革命",受此影响,法国的学生们说:"看看吧,中国大学生都在反对那些官僚,反对那些大教授。他们可以反对这些人,为什么我们法国学生不能呢?"所以,"五月风暴"就发生了。我也参加过那个运动,几乎所有的法国学生都参加过那个运动。当然,我是在波尔多参加的。那场运动发生以后,当时的教育部部长做出决定,每所大学除了由教授担任的校长之外,再增加两名副校长,一个由学生担任,另一个则专门从事行政管理工作。波尔多大学也搞了校长选举,结果我还当上了副校长,因为我是代表学生的。所以,从1968年到1969年,我是波尔多大学的副校长!

1970年,我从波尔多大学毕业,获得了硕士学位。从1971年起,我就开始写我的博士论文了,题目是《现代汉语中的方位词》。1972年,我到法国社会科学院当助理研究员。这是一份正式的工作,算国家的公务员。所以,我在这个工作岗位上一直干到退休。1972年法国科学院制订了一个很大的研究计划,就是要编写一套中国宋朝的丛书,包括宋朝的历史、语言、文学等。这是一个国际计划，有很多国家和地区的学者参加，有美国的学者、德国的学者，还有中国香港的学者。但是，那时候还没有中国大陆的学者参加这个研究计划。所以，我的工作就是要跟这些人联络，协调他们的工作。但是，我也有自己的具体工作，那就是在科学院汉学部门研究宋朝。后来去中国学习，我是向科学院请假的，因为我从中国回来以后还要继续做这份工作。回国以后，我的工作也换了，从汉学部门的助理研究员升为语言学部门的副研究员。

由于是研究中国语言，所以硕士研究生毕业后，我一直在等去中国的机会。我虽然从中文系毕业，可是不会说汉语，只懂古代汉语和文言文。我学的古代汉语就像原始的语言一样，无法在现实生活中应用，所以我一直想到中国去。1973年，法国外交部说从这一年开始可以选一些学生作为交换生去中国学习，我马上就提出了申请。我是中文系和普通语言系的毕业生，所以比较有把握会被选上。我是和白乐桑先生他们一批去中国的。法国教育部有一个选派程序，我报名参加了，没经过什么曲折，很快就获得了批准。

在1962年上大学之前，我对中国也不怎么了解，所知甚少。后来在大学读书期间，知道了一些有关中国"文化大革命"的事。比如,1966年"文化大革命"开始的时候,聂元梓在北大贴了第一张大字报。中国开始搞"文化大革命",常常有一些这方面的消息传到法国,很多法国学生对此很感兴趣。

大学毕业后我在法国科学院做与中国历史有关的研究工作,因此特别想去中国。当知道可以去中国了,我特别高兴。我想一定要好好学习汉语,也要写好我的博士论文。我觉得到了中国之后,会有很多人帮我学习汉语和写博士论文。

二
在燕园读书的日子

1973 年 8 月，我以交换生的身份从法国来到中国。这次从法国来的交换生一共有 25 人，其中就有我们这套丛书中已经访谈过的白乐桑先生。我清楚地记得到达北京机场时的情景，当时有一个中方负责人来接我们。

开始的时候，我们先去了北京语言学院，就是现在的北京语言大学，在那里学习了将近一年。1974 年 5 月，我来到北大，在中文系学习，一直到 1976 年初。在北京语言学院学习的那一年，我们主要是学习汉语。

那时候，北京语言学院有很多外国人，其中大部分是从阿尔巴尼亚来的。朝鲜的学生也很多，还有越南、柬埔寨的学生，以及来自坦桑尼亚等国的非洲国家的学生。法国跟中国很早就建交了，1964年戴高乐当总统的时候，法国是唯一跟中国台湾断交并与中华人民共和国建立外交关系的西方国家。两国之间有一些合作计划，其中之一就是互派留学生。我们就是在这种情况下由法国政府派来的。

我先谈谈在北京语言学院学习的情况。从1973年8月到1974年5月，我们在这里学习了将近一年。当时，中国正在进行"文化大革命"，搞"批林批孔"运动。我们当时看的杂志主要有《学习与批判》《红旗》等。我还记得当时中国有一个文字改革委员会，进行文字改革，搞简化字。那时候，我是赞成搞简化字的，但也有一些人反对这种做法。正是在这种情况下，我用中文写了一篇关于文字改革的文章，主题是讲用拼音连写。文字改革委员会当时对这个问题讨论得非常激烈，我的文章专门谈了对此的看法。后来，我的看法也被文字改革委员会采纳了，就是采用汉字拼音连写的方式。

在北京语言学院学习期间，我主要是学习汉语，因为我要学会说汉语。许多人和我一样，写汉字没什么问题，但说汉语就有问题了。我们每天都要上课，为了上课方便，我到北京后的第二天，就去买了一辆自行车，是凤凰牌的。买了这辆凤凰牌自行车之后，我每天就骑着它上课。有时我还骑着自行车从语言学院到北太平庄、新街口、西单等地转转。但总的来说，我们过的是学生生活，大部分时间还是在宿舍学习。除了学习以外，我也到中国其他地方参观。我们在语言学院的时候曾经外出旅行过一次。那时候外国人不能随便到处走，尽管如此我们还是去了红旗渠、大寨、大庆、延安和韶山。在大寨，我们见到了陈永贵。总之，我们能去的地方都是中国的革命圣地。我们觉得这样旅行还是不错的，韶山不错，长沙很好，大寨也非常有意思。在这次旅行过程中，我们主要是坐火车，然后再乘大轿车。虽然去了那么多的地方，但是似乎也没有给我留下太多印象，我也没有遇到什么印象特别深的事儿，只是觉得那些地方风景不错，大寨、韶山等地都是如此。但是，我们没有去云南，没有去贵州，也没有去海南岛，许多地方都没有去过。在北京周边，我们只可以去十三陵和八达岭长城，其他的地方我们不能去。但是这也无所谓，因为我们不是来玩的，而是来学习的。直到后来，我才去了云南等地。

那时候来中国的外国人比较少,特别是外地小城市,更是很少见到外国人。

在北京语言学院学习了一年之后,1974年,我和白乐桑等人来到北京大学,进入中文系学习专业课。也就是从那时起,我们开始跟中国学生在一起学习了。在北京语言学院的时候,我们外国学生学习和生活都是单独的。我在北大期间,生活上没有问题,学习上也有一些同学帮助我。我跟他们学习了很多东西。中文系的一位主任对我非常好,常常关心我的学习情况和生活需求。与其他的法国学生不同,我是硕士毕业后才来到中国的,所以我在北大的主要任务除了学习中文之外,就是写我的博士论文。我的博士论文的题目是《现代汉语的方位词》。在博士论文写作过程中,我得到朱德熙先生的很大帮助。朱德熙先生是汉语语法学界里的语言学大师,在中国语法学史研究方面占有极其重要的地位。事实上,朱德熙先生是我博士论文的指导教师。每个礼拜,他都亲自来我的宿舍指导我,常常整个下午都在讨论我的博士论文。尽管我的博士论文是在北大而不是在法国写成的,但我真正的导师就是朱德熙先生。我回国的时候,我的博士论文就已经写完了。一回到法国,我就通过了博士论文的考试，然后进入法国科学院工作。幸亏有朱德熙先生，他的帮助对我来说是不可缺少的。除了朱德熙先生以外，陆俭明教授、蒋绍愚教授也都给予我不少帮助，我们现在还是很好的朋友。

我的博士论文不是用中文写的，而是用法文写的，因为我要在法国获得博士学位。但是，我的博士论文的大部分都是在中国写成的。法国的学位制度与中国有很大差别，既没有入学考试也没有保送一说。在法国，硕士毕业以后，就可以继续念博士研究生。但是，要获得博士学位，就必须上一些课，要写一篇300页左右的博士论文。我硕士毕业以后就离开法国，从1973年到1976年都在北京，所以我没有办法在法国上课。我的博士论文是在中国写的，实际上就是朱德熙先生指导我写的，所以我说朱德熙先生是我的博士论文的导师。

1974年中国还没有恢复高考，但已经招收推荐和保送的工农兵大学生。因此，我在北大学习时也算是工农兵学员。每天早上，我们也要看《人民日报》的社论。那段时间，中国的政治运动一个接着一个。当时，北大和清华是著名的"两校"，所以北大的全体师生都要关注《人民日报》和《光明日报》的社论，《学习与批判》《红旗》等杂志也都要看。除了这种政治学习之外，我们还参加过"开门办学"，去过中国的农村和工厂。对此，我记得很清楚，印象也很深刻。我们外国学生都很喜欢到农村和工厂去，因为那样可以近距离地接触普通的中国人。在北京语言学院的时候，我们外国学生好像没能参加"开门办学"，但到了北大以后参加"开门办学"就没有问题了。在北大读书的时候，我去了两次农村，也去了两次工厂。我们很喜欢做这件事。到农村去，对我们来说是一个很好的机会，能近距离地同中国的老百姓接触。在农村的时候，学生中就只有两个外国人——我和后来当了巴勒斯坦驻华大使的穆斯塔法。我们去的是顺义的一个农村，住在一个贫下中农的家里。那时候，学校要求我们要做到农村"三同"，即同吃、同住、同劳动。我们两个在那里待了一个多月。我做过手术，不能从事重体力劳动，所以我们俩进行了分工。我负责喂猪，而穆斯塔法参加种地和割小麦。我们很喜欢干这些活，当地农民对我们也很好，当然也对我们很好奇。每天上午，我们要学习《人民日报》的社论。下午，穆斯塔法就跟他们去田地干活，我留在家里跟老太太聊天、喂猪。

在"开门办学"过程中，我们也做过一些与学术

1975 年，在顺义孙刚家中喂猪

1975 年，与孙刚的妈妈和两个小孩

有关的事情。那时候，我对汉语语言学习很感兴趣，就想趁在农村和工厂的机会编一个北京土话小词典。我们去的那个农村公社离北京不远，我就编了一些那里的贫下中农们说的土话，实际上也就是北京方言。但是刚到的时候，我们听北京方言还是有一些困难的，不知道他们在说什么。后来，我就慢慢学会了一些北京方言，并把它们编成一个小词典，还翻译成了法语。所以，我很喜欢在农村的那些日子。与此同时，我也在写我的博士论文。我的博士论文主要是研究汉语中的方位词，也需要一些调查。我们还去过四季青人民公社，在那里的时间大概不到一个月。

另外，我去过两次工厂，其中一次是去北京内燃机总厂，我还有个工人师傅。我到北京内燃机总厂的时候，做的是一些小小的零件。当时，我是与中文系的同班同学在一起，其中多数是中国学生，还有一个和我的关系非常好。他现在已经从中文系退休了，是唯一的工农兵学员留校任教的。我们俩一起参加编写了王力先生主持的《古代汉语常用字字典》。[①] 其实，这本《古代

[①] 《古代汉语常用字字典》经多次修订，2005年出版的第4版为增订版，封面印原编者：王力、岑麒祥、林焘等。

1974年，在北京内燃机厂与同学合影

1974年，在"开门办学"活动中与师傅合影

2012年，跟女儿、女婿和两个外孙女在一起

汉语常用字字典》第一次出版是1978年或1979年，编者署名是北京大学工农兵学员。第三次出版的《古代汉语常用字字典》作者只有王力一个人。我在里面只解释了一个字，就是"差"字，差不多的差。

我在北大中文系大概学了一年半，1976年初就回到法国去了。回国的时候，有一两个法国留学生是坐火车经过苏联回去的，但我还是坐飞机直接回到巴黎。在北京语言学院和北京大学学习的这几年，我中途一次也没有回过法国，但有一些同学中途回去过。两年半的时间里，我就一直在中国。我与其他法国同学不一样的是，当时我已经结婚了，是和我爱人一起来留学的。在北京语言学院的时候，我们在一起学习。到了北京大学之后，我在中文系，她在历史系学习中国近代史，博士论文是研究明朝的一位海盗。所以，在中国留学的时候，我不怎么想家。

回到法国后大概一两个月，我就进行了博士论文答辩，是在巴黎第八大学。我来中国之前就已经有了固定工作，但只是助理研究员，回来后不久就晋升为副研究员。在法国，有了博士学位之后，才能从副研究员升为研究员，或者是从副教授变成教授。这就是为什么我在中国时忙于写论文，而回国后不长时间就通过了博士论文答辩。我 38 岁的时候获得了巴黎第八大学的博士学位，又过了两三年就成为研究员了。

三
法中领导人的"兼职翻译"

回到法国以后,除了在法国社会科学院继续做研究之外,我还在法国政府里给领导人当过翻译,时间大概有两年多。但是,我可不是专职当翻译,我的主要工作还是在法国社会科学院做自己的学术研究。在那段时间,法国政府有关部门时常会打电话给我,说来了一个中国代表团或者有一个中国部长到法国来访问,让我过去给他们做翻译。不仅是部长们,当时中国的国家领导人如华国锋、邓小平来法国访问的时候,法国方面的翻译也是我。中国政府许多部门的领导人来访问，如对外贸易部部长、文化部部长等，我都做过他们的翻译。

为什么会这样？我刚回国的时候，中国也开始对外开放了。所以，有很多中国代表团到法国访问。但是，法国却没有准备好，没有想到中国会一下子就对外开放了。当时，中国派出很多代表团、很多部长来到法国，特别是贸易部部长曾多次来法国访问。法国总统时常要会见他们，那时候法国总统是吉斯卡尔·德斯坦。由于没有充分的准备，法国以前没有培养足够的中文翻译人才。而我是刚从中国留学回去的，因此常常被叫去给总统当翻译。在当时的法国也有很多中国人，他们的法语很好，中文也很好。但是，法国政府不可能用一个中国人当正式的翻译，必须得用法国自己的人。正因如此，我才有机会给法国总统和总理当翻译，会见过不少中国的领导人，其中就包括华国锋和邓小平。

其实，在给两国领导人当翻译的过程中，我也有许多印象特别深的事情，其中一个就是德斯坦总统会见华国锋主席，当时的法方翻译就是我。华国锋主席是山西人，他的地方口音很重，我听起来还是挺困难的。怎么办呢？幸好当时在场的还有一个中国方面的翻译，他先把华国锋讲的山西话翻译成标准的普通话，我再从普通话翻译成法语。按照国际惯例，在领导人会谈时，我负责将中方领导人讲的话译成法语，而中方的翻译负责将法方领导人讲的话译成中文。领导人说的每一个字都要从法语翻成汉语或者从汉语译成法语，这是含糊不得的。这个"兼职"的翻译工作，我干了差不多有三年。后来，法国成立了一个东方语言学校，专门培养翻译人才。我也不再做这种工作了，因为我的兴趣主要是在对汉语语法的学术研究方面。

四
我的学术人生

我长期在法国国家科研中心担任特级研究员,是法国国家科研中心终身荣誉特级研究员、法国社会科学高等学院(EHESS)讲座教授。我一生从事的主要工作就是研究和教书,培养博士生,写文章和写书。当然,我也在学术机构和民间组织中担任过一些职务,如先后担任法国社会科学院东亚语言研究所所长、法国国家科研中心人文学科部科学副主任、法国教育部人文科学部科研主任、欧盟国际科学代表及法国国家科研中心INSHS大区科学代表、法国里昂学院主任

1981年留影

等。但是,所有这些职务都是学术性的。

我担任法国社会科学院东亚语言研究所所长前后共15年。在这期间,我培养了很多博士生,其中有意大利人、德国人、英国人、法国人,也有一些中国人。这个研究所在法国社会科学院中是比较大的,主要研究汉语和日语。从1982年开始,很多中国学生来到我们所留学。他们都是在中国大学毕业了,然后到法国来攻读博士学位。他们获得博士学位之后又都回到中国工作。所以,现在中国各地都有我的学生,如四川大学就有我原来的学生。中国学生研究汉语语言会比意大利学生或者法国学生有优势，同时他们又比西方的学生用功。他们到法国后，就一天到晚地学习和研究。他们也常常来看我，但主要是向我请教这个问题怎么解决，那个问题怎么解决。在这方面，西方的学生远远不如他们。我在法国社会科学院东亚语言研究所期间的主要工作就是教书并培养了一些博士生，指导他们写博士论文。我的印象是，中国学生很听话。有一次，有一个中国学生来和我商量他的博士论文选题。他说："老师，我的博士论文写这个问题，您看行不行。"我说："这个题目不怎么好，你也不会有很重要的发现，还是换个题目好！"他说："行！"于是，他很快就换了题目。但如果是法国学生、意大利学生或者英国学生，你说他们选的题目不怎么好，已经有人做过了，他们根本不听。所以，我觉得，中国学生又听话又用功。当然，这可能是由于中国学生和西方学生的想法不一样，他们所受的文化影响也不一样。可是，中国学生的结果是很好的。20世纪八九十年代的时候，他们毕业回国以后，很快就能找到很好的工作，可以说到处都有机会。当然，现在不行了，找工作越来越困难，因为中国现在的博士生也很多了。写了很好的博士论文的学生，回到中国后想在北京大学、清华大学、复旦大学、上海交通大学或者是浙江大学这样的学校找到一份工作是很难的。我最后两个中国学生是前年毕业的，一个到山西大学工作，另外一个去了四川。

大概是2012年或者是2013年，法国成立了一个留华学生协会，选我当协会的会长。这个团体得到了中国驻法大使馆的支持。刘延东副总理2016年6月底访问法国的时候，中国大使馆给我们协会安排了很多活动，如同她见面等。这个协会在中国大使馆的支持下每年会搞一些演讲之类的活动。这个会长我大概当了三年，还有两个副会长，其中一个就是白乐桑。现在，这个协会有了新的会长。

法国法定的退休年龄是65岁，但可以延长到70岁。我退休后，还继续进行我的研究工作，还在一个研究机构当主任。这个研究机构叫里昂学院，就和杜维明在北大办的那个文学院差不多。这样的学院全欧洲有16个，法国有4个，其中一个在里昂。我是里昂学院的主任。这个学院主要不是做研究工作，而是请著名的外国学者到这里来进行研究，每年有15个名额。他们不用教书，也没有什么行政工作。我们请他们来，就是为了给他们更多的时间做自己的研究。我们为他们租房子，给他们不少钱，什么都有，非常舒服。当然，申请名额也是很难拿到的。例如，上一次共有150人提出了申请，我们最终选出了15人。每年只有15人，人数很少。这种学院全欧洲都有，学者们要在这里待上一年或者六个月。我们不喜欢六个月的，因为时间太短了，一年的比较好，学者们容易出成果。

这种研究机构的经费80%是法国政府拨给的，另外的20%是一个私人基金会提供的。我是从2007年开始在里昂学院工作的。这样的研究机构最早是美国普林斯顿大学设立的，著名的诺贝尔物理学奖获得者爱因斯坦就在那里做过研究。学院有三个原则，即选最好的学者，给他们需要的经费，让他们做自己的研究。美国有5个类似的学院，其中一个是在斯坦福大学，我也曾去过那里。中国现在也有这样的研究机构，北大杜维明主持的就是其中之一，复旦大学有一个，南京大学有一个，好像浙江大学也有一个。这些研究机构都是人文社会科学领域的，因为自然社会科学的学者需要的是实验室，而这些研究机构都没有实验室，只有图书馆。

我在里昂学院主要负责遴选学者，如审查申请者的简历，看看他们以前发表了什么成果，他们要到这里来研究什么等。我担任主任，另外还有两个秘书。她们比较忙，因为要安排来访学者各方面的事宜，常常跑警察局处理学者的签证，帮他们买社会保险等。总之，一个人在国外生活其实是很不容易的，在很多方面都需要帮助。这些学者要在法国待上一年，主要工作就是进行研究，写学术文章，在最重要的刊物上发表。我每年要写一个报告，主要说明学者们的成果如何，我们花了多少钱等。里昂学院比较小，只有15个工作人员，德国柏林的那个学院有45个工作人员。这种学者的申请有一些条件限制，他们必须要获得博士学位，并且年龄在40岁以下。每年招收信息都会在网上公布。

另外，2008年我当选为欧洲学院的院士。欧洲学院是整个欧洲的学术研究机构，它有一些院士。欧洲学院有好几个部门，其中之一就是语言学。我是欧洲学院语言学部门的主任。欧洲学院语言学方面的院士一共有25个人，但是直到现在都没有中国院士。我一直在想办法让一两个中国学者来欧洲学院当院士，主要是在语言学部门里，其他的部门我不负责。

我的学术研究主要集中在汉语语言学上，属于汉学研究的一个重要方面。在法国，19世纪以前就有一些人开始进行汉学方面的研究，雷慕沙（Jean Pierre Abel Rémusat，1788—1832年）是这一代的汉学家中最好的。欧洲的汉学家主要集在法国，德国、英国和意大利则很少。我对这些汉学家还做过专门的研究，这似乎与学术没多大关系，但也不能说完全没有。我写的这方面文章不是学术性的，而是历史或法国汉学传统方面的。

法国有汉学研究的传统，法兰西学院的第一个有名的汉学家就是雷慕沙。不过，那时候研究的是传统汉学，也就是研究古代汉语。当时的汉学家们同现在的不一样，都不会说汉语。但是，他们能看文言文材料，也做了很多翻译的工作，比如翻译了元杂剧等很多古典文献。后来，法国又出现了一些有名的汉学家，如伯希和（Paul Pelliot，1878—1945年）、戴密微（Paul Demiéville，1894—1979年）等人。早些时候，有一些法国汉学家从中亚来到中国，沿着丝绸之路去了敦煌。在那里，他们弄到了一大堆最好、最有意思的敦煌变文，现在它们都收藏在法国的国立图书馆中。很抱歉，在那时候，这也不能说是偷的，但确实是他们拿走了这些敦煌变文。据我所知，法国后来还给了中国一些，但最有价值的敦煌变文还是在法国国家图书馆里，不愿意还给中国。其实，在唐朝的时候，就有一些变文到了法国。敦煌的变文绝大部分在法国，还有一部分在俄国和英国。所以，19 世纪末的伯希和、戴密微等人就专门研究这些变文。法国的传统汉学有名在哪儿呢？就在历史文学和语言学上，但语言学也只是古代汉语，而不是现代汉语，因为这些人多数没有机会来到中国。其中，伯希和去过甘肃，其他人即使来过中国，但逗留的时间也不长，也没有机会学汉语，所以他们不会说汉语。

1982 年，我到了美国，在康奈尔大学和加州大学圣芭芭拉分校教了两年书，主要是教中国语言学。从美国回来后，我又到了中国香港，在香港的一所大学又教了两年书。本来我是想去香港的中国语言学研究所，因为当时香港没有这样的研究所，所以我就到这所大学工作了两年。另外，我还经常到中国台湾的相关研究机构访学，但只是一两个月而已。我也常来北京，主要是在中国社会科学院的语言所，但也会时常到北大来。

最近几年，我常常到甘肃、青海那边，因为我开始对当地的方言感兴趣了。甘肃、青海、宁夏等地的方言很有意思。我不知道它们到底是属于汉语还是阿尔泰语系或下属的蒙古语，或者都是混合的语言。就

2000年，与中国社会科学院的同事在一起。从左到右：祖胜利、罗端（法国）、遇笑容（美国）、曹广顺、贝罗贝（法国）、敏春芳、赵长才、杨永龙

像看宋朝或元朝时候的东西，如元杂剧或者白话碑，这些东西里有很多古里古怪的语法结构，似乎也是从蒙古语借用过来的。

我举个例子来说明一下。例如"你是中国人，我是法国人"这句话，他们说的是"你中国人是，我法国人是"，把宾语放在了动词前面。再比如"我已经吃饭了"，他们说的是"我吃饭已经"。"已经"就是完成的意思。还有一些语序就不一样，语序就是主语加宾语加动词。我刚才也说了，这些地方的方言，如现在的唐旺川话里面也有很多藏语，所以我们把这些叫作混合的语言。除唐旺川话之外，这里的方言还包括临夏话，也叫河州话、五屯话。五屯话里面就有很多藏语。甘沟话也是如此。我发现这些方言以后，就跟我在中国社会科学院语言所的同行们说了，他们派了一个小组到那边去调查，我也常常跟着去。

  我是怎么发现这些语言很有趣呢？我看过一个人类学家写的文章，他去那儿是为了了解当地人是怎么生活的，对语言研究并不感兴趣。他进行了一些访谈，我看他访谈里的人用的是一种很奇怪的语言，就开始对那里的方言感兴趣了。后来，我也跟中国社会科学院语言所的中国同行一起到这些地方考察。我们研究的是汉语历史语法，也就是研究语言是怎么变化的，其中主要是语法化和语言接触。语言接触就是指一种语言从另外一种语言借过来的一些语法结构。汉语有很长的历史，但也有一些民族说的不是汉语。宋朝的时候有契丹，也就是辽国，还有金国，他们的人说什么语言呢？肯定说的不是汉语，而是金语，也就是契丹语。元朝从1278年开始,[①] 统治中国的是蒙古人。从1644年到1911年,统治中国的是满族人,他们也不会汉语,因为这些民族的母语不是汉语,一种是蒙古语,另一种是满语。但是,这两种语言肯定对汉语的发展有很大的影响。所以,我们就研究这些影响,研究语言接触的一些范围和领域。

在研究了这些以后,我的结论是,汉语在公元2世纪到5世纪受到了印度语言的很大影响。尤其是语序方面的影响,如动宾结构或是宾语动词,还有"把字句"。例如"我把书放在桌子上",最开始的时候既不是"把"字,也不是"将"字或"持",而是"取"字。"取"就是拿的意思,最早的时候是用在佛经里。古代汉语里没有"把字句",通常是一个主语加一个动词,再加上一个宾语。那什么时候开始有的呢?我认为是在魏晋南北朝末或唐朝初的时候才开始有的。可是,它是从哪里来的呢?回答这个问题很不容易。现在有一个假设,就是这个语法结构是从印地语结构中借用来的,因为印度佛经里面已经有了。但是,它们

---

① 通常从蒙古政权改称元朝算起,即元世祖忽必烈中统元年(1260)起,算作元朝的开始。

不用"把"字，而是用"取"字。这是一个例子，但对汉语的历史发展很重要。

汉语发展的第二个阶段是在南宋和元朝的时候。这种影响还是很大，但影响的只是北方话，而没有影响到南方话。南方太远了，尽管蒙古人也统治了中国的南部，可是对南方的影响比较弱。所以，现在汉语有很多方言。比如，在北方话或标准的普通话中，你不可以说"我放书在桌子上"，你应该说"我把书放在桌子上"，或者说"书我放在桌子上"。但是，在中国南部的一些方言里，不论是闽语、粤语，或者是吴语、上海语，它们都可以这样说。比如，有一个老师问一个学生："你有没有吃饭？"这个学生回答说："我有吃饭。"南方话就可以这样说。但是，用标准的普通话就不可以这样回答，而是应该说"我吃饭了"。这不是标准的普通话，受港台影响比较大。可是，再过五十年，或者二十年、二十五年，"我有吃饭"说不定就变成标准的普通话了，因为语言时刻都在演变。

还有很多其他的例子，如量词的用法。英语说"one book"，但汉语不能说"一书"，你要说"一本书"。但是，现在中国南方的量词比较繁复，而北方话中的量词则越来越少。你运用了指示代词以后，就可以说,"像这""像那"。你也可以说"这书"或"这书怎么样","那书"或"那书好不好"。这些都没有问题。在中国的东北,许多量词都没有了,只剩下一个"个"字。所以,现在你可以说一个桌子、一个椅子。量词的统一化是一种很有意思的现象。古代汉语没有量词啊,那什么时候开始有量词呢?大概是汉朝的时候才开始,以前没有。你看《论语》《孟子》,战国时的文献,都没有量词,只有一个数词,它底下加一个名词。或者是一个指示代词,像"这""那"。从汉朝开始,量词才慢慢使用起来。最开始用的量词是"枚"字,就是一枚、两枚的枚。当时,它就是一个最普遍的量词,相当于现在的"个"。后来到了魏晋南北朝、唐朝的时候越来越多,有一百多个量词。北方话到了元朝的时候,量词越来越少,在一些地方现在甚至只剩下一个"个"字。很可能再过一世纪,汉语就不会有量词了。所以,这是一个很有意思的现象。先是没有量词,汉朝的时候开始有,然后到了魏晋南北朝、唐朝、北宋越来越多,元朝的时候北方话中又开始少了。再过若干年,量词也很可能就不见了。

这就是语言演变、语言变化。当然,我这里指的是北方话,因为北方话受到阿尔泰语言的影响比较大,南方受的影响比较小。所以，南方话中的量词还是很多。你到南方不可能说"一个桌子、一个椅子"，而要说"一张桌子、一把椅子"。你不能说"一个马"，而要说"一匹马"。中国元朝的时候，有两本很有意思的教科书。① 第一个是1380年编的，是一本教朝鲜人汉语的教科书，内容也很简单。比如，第一课的内容是："大哥你从哪里来啊？""我从北京来！""大哥"在那时候是先生的意思。后来，我发现这些教科书代表着元朝的口语。研究语言变化，最主要的是研究口头语的变化，因为文言文没变。一直到白话文运动之前，文言就是文言。死的语言就不会有这样的发展变化。所以，我们研究汉语演变，主要的材料是口语。通过口语，才知道量词越来越少，几乎没有了，有的话就是"个"了。所以，北方人说"一个马"。

复数问题也很有意思。阿尔泰语言，特别是蒙古语、土耳其语和满洲语对北方语言的影响还有一个复数的"们"，如我们、你们、他们，就是指代词我、你、他可以加个"们"，有些名词也可以加"们"。比

---

① 这两本书是《朴通事》和《老乞大》。为了方便理解和应用，当时的朝鲜人予以注释，称《朴通事谚解》《老乞大谚解》。

如说，我去演讲的时候，一开始就说"先生们、女士们、老师们"。但是，其他的就不行，你不可以说"桌子们""椅子们"。这种复数是元朝时候出现的，那时你可以说"马们"，就是说有好几匹马。你也可以说"骡子们""桌子们""椅子们"等，都可以讲。这个肯定是受蒙古语的影响，因为蒙古语有一个复数的后缀，所以汉语从这里面借用了。借了复数的后缀以后，所有的名词都可以用。从那时到元末明初，汉语中又保留了指示代词，像老师、先生这样的指示代词，但其他的词就没有。这也是一个语言变化。我们要做的工作就是研究这些变化。

汉语中的"们"是很晚才出现的，南宋的时候开始有，南宋以前就没有"们"。所以，19世纪西方国家到中国来的时候，他们的语言对汉语有没有影响？我的看法跟王力先生有点不一样。我的看法是，法语、英语这些欧洲语言在语法结构上对汉语的影响很小。当然，词汇中有很多新的词汇是从英语、法语或是日语中直接借用过来的。可是，语法结构上的影响却很小，没有语法演变。其实，词汇演变也没有，只是借用或引用了一些西方的词汇。比如"艾滋病"，以前没有艾滋病，所以也没有这个词。等有了这个病以后，应该也选一个词，于是就借了"艾滋"这个词。

除了研究汉语历史语法之外，我也把一些中国文学、中国小说翻译成法文。我先翻译的是一些元杂剧，后来也翻译了老舍的一些短篇小说，还有一些现代文学作品，如张承志、张贤亮的小说。他们有一段时间很有名。法国有这样一种制度，翻译的作品不算研究成果。所以，要想从副研究员到研究员，或者从副教授到教授，你必须每年写一个报告，说你今年写了什么文章、出版了什么书，也就是要有研究方面的成果，而不可以说翻译了什么作品。另外，我也有一段时间，大概是20年，从1980年到2000年，给法国最有名的《世界报》写专栏，每个星期五写一篇书评。任何一部中国文学领域里新的作品发表了，我看了后就会写书评。可是，这也不算学术方面的研究。

我长期研究中国语言，从这个角度也见证了中国几十年的发展变化。中国的变化真的很大，没有一个发展中国家像中国这样变得这么快。现在，中国是全世界第二大经济体，比法国好。中国也是全世界在经济方面最有发言权的国家之一。从1980年到现在，中国发展得非常快。我们也知道，在科学研究特别是自然科学方面，中国超过了西班牙，超过了意大利，超过了法国，超过了德国，超过了日本，再过几年会是全世界最发达的国家，特别是物理、化学方面。中国的科研经费也很多。但是，中国在人文社会科学方面的发展似乎要慢一些。所以，我对我的博士生说，我们法国这一代人运气不错，因为我们在西方进行研究。可是，中国人那时候因为"文化大革命"，实际上没办法进行研究。所以，我们可以研究中国语言、中国文学、中国历史。20世纪60年代到80年代，西方国家对中国的研究还是比较先进的。但是，后来中国的一些年轻人到国外念书，获得博士学位后再回到中国，再研究自己的国家，进步就比我们更快了。他们对语言的掌握当然比我们好，因为他们是中国人嘛。所以，在这些方面的研究我们现在就落在中国后面了，现在是跟着中国。我从1990年开始就同中国的同事合作，一起写的文章也很多。我在一次演讲中说，研究中国最好的东西就在中国，而不在国外。它们以前在国外，现在不是了。可是，自然科学，如物理、化学就不同了，它们是世界性的。没有中国的物理，没有美国的物理，也没有拉丁美洲的物理，物理就是物理。

因此，我认为要研究中国问题就应当在中国，中国人不能到外国去研究中国。但是，自然科学不同，它们不分国家，哪儿先进就应当到哪儿去学。中国在自然科学方面，如物理、化学、生物学等方面也达到了国际水准。但是，人文社会科学研究方面与世界先进水平还有很大的距离，可能要等上一段时间，三十年或者五十年以后才可能有高水平的研究中国以外的人文社会科学。这是我的看法。不过，在研究中国的历史语言学方面，现在的中国学者做得就比我们那一代人好。

在几十年的研究生涯中，我不仅研究中国的古代汉语、现代汉语，还涉及了中国文学甚至中国的政治经济发展。不过，尽管如此，我还是不大认同汉学和汉学家这个称谓。19世纪的汉学家研究的领域非常广，所以他们是文学专家，也是语言学专家，还是历史学家和考古学家。他们什么都研究。可是到了20世纪50年代以后，学术研究比较专门化了，专门研究语言学的人不可能再是历史学家。汉学家这个术语不论是在美国还是在欧洲，大家都不怎么喜欢用了。学者们可以说我是中国语言学的专家、中国文学的专家、中国历史的专家、中国社会学的专家或中国考古学的专家等，但不能说自己是研究中国的专家。以前，学者们发表的学术成果也不怎么多，可现在很多了，因此，历史方面的专家不可能同时是语言学方面的专家。一个人是哲学家，可语言学他不懂，也不懂语言变化、历史语法等。正因如此，我觉得把汉学说成中国学比较好。

五
贝罗贝教授的学术成就

蒋绍愚

蒋绍愚教授，1940年出生于上海，1962年于北京大学中文系毕业并留校任教，曾任北京大学古代汉语教研室主任，北京大学汉语语言学研究中心副主任，汉语史博士生导师，国家级"有突出贡献专家"，中国语言学会第三、四届副秘书长。本文是根据编著者对蒋绍愚教授的采访录音整理而成。

1989年，美国加州伯克利大学王士元教授主持召开一个语言学的国际会议，有许多研究语言学的学者

五 贝罗贝教授的学术成就 | 049

2014年，70岁，在北大跟同事蒋绍愚在一起

都参加了，如北大中文系的朱德熙先生和我，美国康奈尔大学的梅祖麟以及中国台湾的学者。梅祖麟是梅贻琦（1931—1948年任清华大学校长）的侄儿，其父梅贻宝曾任过燕京大学的代理校长。梅祖麟1949年随父到了美国，读完书就在康奈尔大学当教授，主要搞历史语法。贝罗贝20世纪80年代在美国跟梅祖麟学过汉语的历史语法，这次会议他也参加了。所以，我和贝罗贝这次会议上是第一次见面。由于都是同行，后来我和贝罗贝在学术会议上就常见面了。我的文章

他看，他的文章我也看。彼此熟悉了以后，我们之间的交往就慢慢多了。我觉得他学问做得不错，所以，就建议中文系聘他为名誉教授，学校也同意了。这大概是20世纪90年代初的事情，那时我还没有退休。

我认为贝罗贝学问做得不错，主要有四点。

第一，贝罗贝把语法化理论介绍到了中国。语法有一个演变的规律，这个演变的规律就是语法化。我可以用个例子解释一下。比方说"没完没了"中的"了"，就是终结的意思。但是，"我吃了饭""听了你的话"中的"了"，它就不念liao，念le。这个就等于是一个"罢"字，就等于英语里面have再加上一个been，还要加pp（Past Particle），就表示完成时。那么一个"没完没了"的"了"，读音也变了，它的语法作用也变了，那么这个就叫作语法化，叫"grammaticalization"。那么，为什么要研究语法化？汉语跟英语等西方语言不一样。西方语言有很多的形态，比如名词有单数、复数，动词有现在时、过去时。汉语中这些都没有。在汉语的语法中，很重要的是虚词，虚词在语法里面作用很大。虚词是怎么来的呢？比如，"我和你"中的这个"和"字，它本来是"和平"的"和"、"和谐"的"和"，怎么会变成"and"

的意思了呢？这也就是所谓的语法化问题。所以，语法化就是研究汉语中的一些虚词的发展。这些虚词开始时并不是这样的，都是慢慢地由实词变成虚词的。各国的语言都有语法化的问题，但它在汉语中的作用特别大，因为汉语语法里面虚词是很重要的部分。虚词是怎么以及什么时候演变来的呢？它是汉朝、唐朝还是元朝开始虚词化的呢？这就是我们要研究的内容。以前中国也有人研究语法化现象，主要是根据汉语资料，将它的演变一步步地表述出来。大概从20世纪五六十年代开始，西方提出了一种语法化的理论，也就是从各种语言中总结出一种规律来，看一个词是怎么样逐步演变的。用这个理论来观察汉语，有些东西我们就能看得很深，看得更透，而且提到了理论高度。最先把语法化理论介绍到中国来的人，就是贝罗贝。他在自己的学术论文中系统地介绍了国外的语法化理论，对中国的学术研究有很大的影响。

第二，贝罗贝比较深入地研究了汉语的历史演变。汉语里面有一个很特殊的虚词，这就是"把"字。从学术角度说，"把"字句是很有特色的。如果搞对外汉语教学，肯定是要把"把"字句翻成英语，但很不好翻。比如，"我吃了苹果""我把苹果吃了"。你翻成英语都是一个意思,体现不出"把"字句来。那么,汉语的"把"字句有什么作用呢?怎么来的?这就是一个语言研究的问题。在国外的语言学家中,贝罗贝对"把"字句很有研究,其成果得到了中国国内一些语言学专家的认可。他为"把"字句举了很多例子,然后分析。比如"我把苹果吃了"这句,他从历史上看,一定是"我们把苹果吃了它",这个"吃了"后面还有东西,等于说把前面那个(它)重复一下。从语法上讲,这是两个连动作:"把苹果"是"拿起苹果",然后"吃了它"。慢慢地,后面那个虚了,"吃了它"的"它"不要了,那个"把"字也变虚了,"把"的作用就等于把后面那个(它)指代的某个东西提前了,是这样子。所以,他写了关于"把"字句的文章,也收到他的论文集里面了。这可能是 20 世纪 80 年代初,我记不太清楚了。后来,我在自己关于汉语研究的专著中讲到国内外学者对"把"字句的研究时,也提到了贝罗贝的这篇文章。另外,贝罗贝的第一篇博士论文是研究双宾语的。比如,在"给他一本书"这句话中,"他"是宾语,"书"也是宾语。这种双宾语从汉语历史上是怎么发展起来的呢?但是,直到现在,广东话还说"bei xu kui",就"给书他",而不是"给他书"。这是双宾语的位置问题，在汉语不同的方言里面，两个宾语的位置是不一样的。在英语中，可以说"I gave a book to him"或"I gave him a book"，这两句都是可以的。但是，在现在的普通话里，就不能把书放在前头，不能说"我给书他"。这在普通话里是说不通的，但在广东话里可以说"我给书他"。贝罗贝的博士论文研究的就是这个问题。不过，因为是用法文发表的，他的这篇文章在中国国内的影响不像"把"字句的影响那么大。总之，贝罗贝对汉语历史演变的研究为中国国内的同行所认可，而且应该说他是排在前面的。对一个母语不是汉语的人来说，贝罗贝能做到这一点是了不起的。

第三，贝罗贝的研究视野很广阔。汉语研究主要分两大块，一大块是古代汉语，另一大块是现代汉语。贝罗贝和我做的研究偏于古代汉语。古代汉语和现代汉语是很粗的划分。实际上，汉语现在可以分三块，一块古代汉语，一块现代汉语，还有一块是方言。方言特别是广东话、福建话既跟古代汉语不一样，又跟现代汉语不一样。因此，方言研究在国内外越来越热。我的专业兴趣都是在古代汉语这方面，所以，没有很多的精力去搞方言。但是，贝罗贝的视野比较开阔，对方言也很有兴趣。他还同中国社科院语言研究所的学者一起到西北去调查方言。当然，他调查方言实际还是跟他对汉语历史的研究有关系。为什么呢？中国历史很长，汉语不是一条线那么发展下来的。东汉以后佛教传入，佛教原文是梵文，梵文翻译成汉语，肯定还是有所不同的，这对汉语会有影响。元朝是蒙古人统治中国，统治阶级用的是蒙语，老百姓用的还是汉语。但是，统治阶级语言对被统治阶级语言也有影响。比方说，"我是中国人"这句话，那时就说成"我中国人是"，"是"放到了句子后头。为什么会这样？从语言研究角度说，这就是受到了蒙古语的影响。在蒙古语中，"是"都被放在宾语的后面。所以，说"我是中国人"的时候，就可能说成"我中国人是"。贝罗贝研究历史语言，就注意到了这种现象。元代的词序同宋朝的不一样，同现在也不一样。这个特点是怎么形成的呢？这是很有意思的。所以，他跟中国社科院到西北去调查。在西北靠近内蒙古也就是甘肃那一带，汉语方言里面也有这种现象，把宾语放在动词前面。比如，"我看到了他"说成"我他看到了"。那为什么呢？从现实上讲，这里同蒙古比较近，跟中亚国家比较近，受那边语言的影响比较大，所以有的词序就倒过来了。

现实生活当中的方言如此，而在历史中也可以找到证明。从语言学角度说，这就叫作语言接触。两种语言接触了以后，这种语言会受到那种语言的影响。贝罗贝从研究历史出发，在现实生活当中去寻找，通过调查方言就找到了这方面的证据。从语言接触的角度说，汉朝到魏晋南北朝有大量的佛经，而佛教是外来的东西，不但佛教思想是外来的，而且那些佛经也是从梵文翻译过来的。梵文的翻译里面有些语言现象同汉语也是不一样的，那么，它从哪来的？这就需要找到它的源头。同一部佛经，它的梵文是怎么表达的，汉语又是怎么表达的，把两者对照起来，有时候会比较清楚地看出来。汉语这种比较特殊的现象反而跟梵文的原文比较切合。对此，贝罗贝也很关注。他所关注的，一个是元代汉语受外来语言的影响，一个是汉魏南北朝汉语受外来语言的影响。佛经翻译里面语言现象怎么看，他有自己的看法。从语言学术领域来说，贝罗贝除了做汉语发展的历史之外，还关注现代的方言和语言接触。所以，贝罗贝学术研究视野很开阔。

第四，贝罗贝的学术研究很深入，是一个阶段一个阶段的提升。他首先把西方的一些现代语言学理论介绍到中国。但是，他本人又不完全盲从这些理论，不是西方学者怎么说，他都认为是对的，而是有自己的看法。所谓的 grammaticalization，就是指一个词总是由实变虚的。这在语言学上叫作单向性，即只由实的演变成虚的，不会倒过来，不会本来是个虚的后来慢慢变实的。单向性是西方学者里主导的观点，但贝罗贝有自己的看法。他说，如果所有的语言演变都是单向性的，从原来实的到虚的，那到最后都剩虚的了，没实的了。所以，他认为除了单向性外，有的还是循环的，由实变虚了以后，还可以再转一圈变回实的。这个问题他在北大大讲堂讲过两次，第一次讲的是梵文对汉语的影响问题，第二次讲的就是魏晋南北朝佛经翻译的问题。

西方学者认为，语言变化有三个大的动力。第一个是语法化，就是刚才讲的一个词从实到虚的这么一个演变。第二个是类推，就是语言已经有的格式。比如，a 加 b，那么使用语言的人就会类推出来，把 c 替换成 b，于是就出现了 a 加 c 的格式。第三个是外借。词汇也好，语法也好，都跟刚才讲的语言接触有关系。就是一种语言本来没有，但因为邻近的语言有，也可以把那种语言借过来用。贝罗贝认为，语法化是主要的，因为它不断地推动语言改变形式。类推跟外借是次要的，它不会带来实质性的变化。不过，现在他也慢慢地对自己的这个看法有所改变，认为类推跟外借有时候也起了很重要的作用。所以，我觉得他做学问不是停留在一个水平上面，而是不断地深入，甚至也对自己过去有些看法不周到的地方进行修改，提出新看法。

对于贝罗贝的学术贡献，我归纳了这四个方面，也给他看过。他是认同的。

六
贝罗贝教授65岁生日聚会上的贺词

曹广顺

曹广顺教授，1982年毕业于北京大学中文系，现为中国社科院语言研究所研究员、中国社科院研究生院语言系教授、博士生导师，国家社科基金语言学科评委，中国辞书学会会长。主要从事汉语语法史研究、近代汉语词汇研究、语言接触研究。

非常感谢主办者给我这次机会，我实在觉得无法全面评价贝罗贝先生的学术成就。

六　贝罗贝教授65岁生日聚会上的贺词

那么谁是贝罗贝呢？除了一脸灿烂的笑容之外，我们最先得出的结论就是他"非常法国"。法国是什么呢？用三项特征来概括：巧克力、红酒和美食。我认为这三项法国特征都集中在贝罗贝先生身上。到什么程度？这本来是不应为外人道的。我仅在这里举两个小例子。

十几年以前有一次我和贝罗贝先生在黄正德教授家里，黄先生有事要出去让我们自便，自便的内容包括客厅茶几上的半盒巧克力，等黄先生回来的时候，贝罗贝先生已经一个人把那半盒巧克力自便完了。他还向黄先生道歉，说忘了应该留一点儿。

说到法国红酒，大家一定要记住，绝不能在贝罗贝先生面前说不好。你要说不好，他会跟你拼命。

这就是我认识的贝罗贝，以上是一些玩笑话，接下来我从三个方面来说说贝罗贝先生。

首先，贝罗贝是杰出的科研组织者和科研领导人。大家都知道贝罗贝先生是从事汉语史研究的，而大家不知道的是他在中国对自然科学基金讲欧洲的基金管理，他在比利时给欧洲人讲中国的科技政策。更好的是，将来他能在中国讲中国的科技政策，在欧洲讲欧洲的科学基金管理。我这么讲，是因为贝罗贝先生在法国和欧洲都具有举足轻重的地位，特别是在语言学研究领域。

第二，贝罗贝先生是一位非常杰出的研究者。在汉语史研究的众多问题上，贝罗贝先生都有杰出的成就。我有次跟他开玩笑说，多年来我写文章，他要么是我论据主要的支持者，要么就是我的主要对手。贝罗贝先生所有的成绩，使他在研究汉语史和在研究中国语言学的学者中，都具有很高的声望。

在这儿，请允许我讲一句题外话。鉴于贝罗贝先生在语言学研究中的杰出贡献，我们中国社会科学院语言研究所聘请贝罗贝先生做客座研究员，我们衷心地希望贝罗贝先生今年下半年有机会可以到我们研究所接受聘请，我们更希望在今后的研究工作中通过他能有更多的收获。

第三，贝罗贝先生最重要的一个特征是他真是一个好人。在座的不论是他的朋友还是他的同事、他的学生，大概都得到过他的帮助。中国人说好人一生平安，贝罗贝65岁了，我们衷心地希望贝罗贝先生保持一个健康的身体，有旺盛的精力，能够在语言学研究上做出更大的贡献。

谢谢！

注：2009年，第22届东亚语言学国际会议在法国巴黎举行，会议期间举行了贝罗贝教授65岁生日聚会。本文就是曹广顺教授在聚会上发表的贺词。

七
欢迎贝罗贝教授的致辞

王士元

王士元教授,1933年生于上海,1959年获得美国密歇根大学语言学博士学位,1966年至1994年担任加州伯克利大学教授,1973年创办语言学领域的重要学报《中国语言学报》并任主编。

"贝"这个姓氏并不常见。我只知道两位姓贝的名人。一位是为法国文化做出突出贡献的中国建筑师,一位是帮助我们更深入地了解中文语法发展的法国语言学家。这位中国的建筑师，就是主持设计了在我们附近的卢浮宫玻璃金字塔的贝聿铭先生。而这位法国的语言学家，就是今天我们在这里共同欢迎的贝罗贝先生。

贝罗贝先生对于汉语语言学的贡献已经有几十年了，他深入研究了很多语法演变中的核心问题，其中包括1980年的处所结构问题，1986年的双宾语结构问题，以及1989年的被动语态结构问题等。其中，1988年贝罗贝先生在与格结构问题上的著作获得了由法兰西学院授予的"儒莲奖"。

除了致力于个人研究，贝罗贝先生也在激励他人方面做出突出贡献。贝罗贝先生是为促进语言学发展做出巨大贡献的国际中国语言学学会创会的核心成员之一。同时，他主持设立了"年轻学者奖"，对我们来说意义非凡。此外，他也为诸多语言学方面刊物的编纂提供帮助，比如他曾多年担任《中国语言学报》的顾问，获得该刊编辑的感谢。

贝罗贝先生也因自己所做出的巨大贡献享誉盛名。他曾在1995年以"胡适访问教授"的身份前往康奈尔大学访学，2006年担任欧洲艺术与科学研究院成员，2007年成为台湾研究院通讯院士及北京大学荣誉教授。

然而，我们都知道，著作和学位并非衡量一个人成就的唯一标准。一个人的学识成就，也要看他曾经以自己的能力影响和帮助过多少同事和学生，有多少人愿意加入他的纪念文集，以及有多少人愿意来到现场祝贺和欢迎他。让我们看看大厅里人山人海的场面吧，贝罗贝先生的成就已经不言而喻了！

注：2009年，第22届东亚语言学国际会议在法国巴黎举行，会议期间举行了贝罗贝教授65岁生日聚会。本文就是王士元教授在聚会上用英文发表的贺词。

八
北京大学"大学堂"讲学之一

"大学堂"讲学计划简介：设立高端讲学平台、邀请顶尖学者来校讲学，既是北京大学"思想自由、兼容并包"原则的体现，也是北大汇聚拔尖人才、繁荣人文学术的不懈追求。历史上，无论是"五四"时期杜威、罗素开风气之先的系列讲座、授课，还是新时期詹明信的"西方文化理论"专题课、德里达的师生座谈，都曾引领中国思想文化革新的潮流，对促进北大学术与国际学界的平等、深入对话产生了积极的推动作用。作为这一传统的延续，北京大学在光华教育基金会的支持下，于2012年正式设立"大学堂"顶尖学者讲学计划（Peking University Global Fellowship）。该计划旨在面向全球，广泛邀请各领域具有前瞻性、战略性眼光的顶尖学者来校举办讲座、开设课程、合作研究，分享世界最前沿的思想和智慧，交流本领域的学科动态和研究进展，增强创建世界一流大学的综合竞争力。截至2015年9月，已有21位各领域的顶尖学者在"大学堂"讲学计划的资助下来校访问，领域涉及历史学、批评理论、政治学、物理、化学、生物医学等，其中包括10位诺贝尔奖获得者。这项计划由北京大学国际合作部负责具体实施，每年拟邀请10～15位顶尖学者来校开展讲学和交流活动，学科不限。

2015年12月14日至23日，法国校友、法国国家科研中心（CNRS）特级研究员、法国社会科学高等研究院（EHESS）教授、欧洲研究理事会科学委员会委员、欧洲科学院院士、法国著名语言学家贝罗贝教授到访北京大学，受聘成为"北京大学'大学堂'顶尖学者讲学计划"学者，并开展了系列学术活动。12月16日下午，副校长李岩松在临湖轩会见贝罗贝教授，并向他颁授"北京大学'大学堂'顶尖学者讲学计划"学者铜牌。当天下午，贝罗贝教授做了题为《论历时句法研究中后汉和魏晋南北朝前期佛经译本的不可靠性》的讲座，分析了佛经译本特别是后汉和魏晋南北朝前期佛经译本对于汉语句法历时演变的研究的有限价值，并深入分析了原因。12月22日下午，贝罗贝教授做了题为《汉语的句法与语义变化》的讲座，从功能—

2015年12月16日，北京大学副校长李岩松向贝罗贝教授颁发"大学堂"顶尖学者铜牌

认知角度讨论近年来句法语义变化的热点问题，更准确地对"语法化""词汇化""去语法化""扩展适应"等概念进行定义；他认为"重新分析"和"类推"是语法变化的内部因素，而外部因素则是语言接触产生的借用或变化。据此，他提出一种新的汉语语法变化模式。贝罗贝教授还参与了题为"汉语史研究的语料、理论和方法"的学术座谈会，与学界同行开展了学术交流。此外，贝罗贝教授还参加了"北京大学新中国留华校友口述实录丛书"出版计划，接受了国际关系学院孔寒冰教授的访谈，分享了当年在北大学习、生活的往事，介绍了自己从事汉学研究的经历。

12月16日下午,贝罗贝教授在北京大学人文学苑1号楼108会议厅进行了第一次讲座,讲座主题为"论历时句法研究中后汉和魏晋南北朝前期佛经译本的不可靠性"。在主持讲座时,北京大学中文系杨荣祥教授介绍了贝罗贝教授在汉语史研究方面的卓越成就以及贝罗贝教授为中法学术交流做出的贡献。北京大学中文系主任陈跃红在讲座开始前的讲话中表示欢迎贝罗贝教授来北大讲学,希望以这次讲学活动促进中文系对外学术交流活动的进一步发展。参加这次讲座的除了北京大学中文系、外国语学院、对外汉语教育学院的师生之外,还有来自北京语言大学、清华大学、中国人民大学、中国社会科学院语言研究所、中国政法大学、美国加州大学圣芭芭拉分校及日本神户大学的专家学者。

2015年12月16日,贝罗贝教授在北京大学发表学术演讲

在讲座中贝罗贝教授指出，2世纪中叶至3世纪末，数十甚至可能数百种经文初次被译为汉语，这些译本为佛教文献研究提供了宝贵的资源，然而，对于汉语句法历时演变的研究来说，其研究价值便较之不如了。主要原因在于佛经译本的来源并不明确。

一、早期佛教译经的原文

贝罗贝教授首先分析了早期佛教译经的原文，指出这些译经的来源不明。数十年前，普遍的认识是，汉语佛经是从梵文翻译过来的。在传统佛教研究的认识中也是如此，例如，词典编纂家慧琳（公元737—820年）及玄应（活跃期约在公元645—656年）常批评早期的经文音译并不能体现梵音的本来面貌。不为其所知的是，当时的译文并非译自梵文。

留存至今的大多数佛经，梵文手稿保存在尼泊尔，通常可追溯到公元10世纪或更晚。而巴利文（Pali）手稿，多数存于斯里兰卡，在年代上更晚，大多数最早可到公元19世纪。虽然在Gilgit（位于现巴基斯坦）以及Tarim Basin（现新疆）各处发现的手稿相对要早,但也只能追溯到公元 6 世纪,和最早的汉语译文相比也晚了几个世纪。近些年,在阿富汗发现了几组用 Gandhari 语和 Kharosthi 文字书写的经文碎片,其年代最早可追溯到公元 1 世纪。然而,迄今为止,已知的与公元 2—3 世纪译文同时期的印地语(Indic-language)资源几乎没有。

近些年,通过对佛经汉语译文以及相应印度语文本的比较研究,我们越来越清晰地看到最初的汉语佛经译文并非译自古典梵文,而是译自当时不同的普拉克利特语(Prakrit,即土语),包括(但不局限于)健驮逻语(Gandhari)。相反,我们可以利用汉语译文来识别佛经原文是出自哪一个特定的普拉克利特语。我们同样也可利用梵文译文来识别其原文出自哪种汉语。

二、早期佛经翻译诸家的语料

贝罗贝教授随后对早期佛经翻译诸家的作品一一进行分析,来证明它们作为语料的不可靠性。

东汉时期的安世高是帕提亚(Parthia)人,他在洛阳居住的二十余年中(公元 147—168 年)进行了翻译佛经的工作。但在 Antonino Forte 所写的传记中记载：安世高并不是一名僧人，他是一个佛教的门外汉，只是作为外交人质被帕提亚政府遣派到中国。Demiéville Zürcher（1991年）则认为安世高在翻译中使用的语言"古怪、粗糙，混乱到无法理解的地步"。贝罗贝教授分析了他的十三部佛经译本：《长阿含十报法经》《人本欲生经》《一切流摄守印经》《四谛经》《本相猗致经》《是法非法经》《漏分布经》《普法义经》《八正道经》《七处三观经》《安般守意经》《阴持如经》《道地经》，并指出值得注意的是，这些译本的大多数为"论"而非"经"。

东汉的支娄迦谶是月支人，多数学者认为月支即 Kushans 王国（今塔吉克斯坦、阿富汗），其翻译生涯主要在公元178年至189年。他使用了大量由安世高引入的术语，可谓是将北传/大乘佛教（Mahayana Buddhism）引入中国的先驱。贝罗贝教授分析了他的八部佛经译本：《道行般若经》《兜沙经》《阿处佛国经》《一日摩尼宝经》《般舟三昧经》《文殊师利问菩萨署经》《阿者世王经》《内藏百宝经》。

安玄和严佛调也是东汉佛经译者。安玄大致于公元168年至190年从帕提亚到洛阳经商，来中国之前已是一名佛教居士。关于严佛调的记载甚少，只是在有关安玄的记载中略有涉及，他是中国安徽人。安玄以口述的方式翻译了印度语的佛经，而严佛调则负责书写记录。唯一一部由安玄和严佛调共同译著的经文为《法镜经》，而此经文并没有存世的印度语原文版本。贝罗贝教授据此指出，我们理所应当地认为一个翻译团队通常由一位外国僧人及其助手组成；但是也会有另外一种情况发生：一名外国人同时精通汉语口语和经文原文（即某一种普拉克利特土语），那么他就可以直接把经文口头翻译成汉语，然后由一名具备文学修养的中国僧侣助其书写成文。

东汉的支曜仅有的译著可追溯到公元168年至190年，其民族出处皆不详，但是他名字中的"支"字则表明其月支血统。Zürcher认为"同其他的汉代经文比，他的语言显得更古典"。贝罗贝教授分析了他的《成具光明定意经》。

东汉的康孟详有粟特（Sodgian）血统，他出生于中国，活跃于公元190年至220年。Zürcher（1991年）把他的作品视为汉代佛经翻译的高峰，形容他的译著为"汉代佛教最精湛的产物"。贝罗贝教授分析了他的《修行本起经》《中本起经》。

三国时期的支谦出生于中国北方,扮演了支娄迦谶的"大弟子"这一重要角色,曾在洛阳从师于支娄迦谶的弟子,后移居到南方的吴国。支谦的语料中包含了大乘佛教(如支娄迦谶)和非大乘佛教(如安世高)在内的经文,该时期经文的特点是词汇方面体现了极大的多样性。然而支谦主要从事校订他人翻译作品的工作。贝罗贝教授分析了他的《义足经》《大明度经》《维摩诘经》。

三国时期的康僧会出生于吴国的远南地区(今河内地区),他是印度移民粟特商人之子,活跃于公元226年至240年,其翻译风格在形式上是最具文言色彩的之一。贝罗贝教授分析了他的《六度集经》。

此外,贝罗贝教授还分析了据说活跃于公元240年至249年的译者白延,以及三国时期的译者康僧铠等。在以上具体分析的基础上贝罗贝教授指出,早期佛经译者在翻译风格和语体色彩方面差异很大。

第一,在翻译风格上,一部分译者偏爱转写发音而不是意译(最初是支娄迦谶),几乎所有的名字、佛教术语都统一为现今熟识的用法,如:paramita译为"波罗蜜"、subhuti译为"须菩提"。而另一些译者(如与支娄迦谶同时期的安玄和严佛调)却与之恰恰相反，无论是佛教术语，还是专有名词都采用意译而不是转写的方法，其结果是创造了一些奇怪的表达。如普拉克利特语的城市的名字 Sravasti 译为"闻物"，而不是安世高和支娄迦谶都使用的"舍卫"；bodhisattva Manjusri 译为"敬首"而非"文殊菩萨"。诸多类似的表达后来被其他的译者借用，尤其是支谦和最早知名的《妙法莲华经》的译者竺法护（公元233—308年）。然而现存最早的译作是由安世高采取的两者折中策略，即一般人名、地名使用转写（transcription），而大部分佛教术语则使用意译（translation）。

除此之外还可以注意到，支谦和康僧会能够自如地使用中国固有的宗教术语来表达佛教思想。例如，用"魂"和"魄"表达 spirits，用"太山（或泰山）"表达逝者的终结，用"仁"表达 humaneness，用"仪"表达正确的礼节行为。而其他译者，如安世高和支娄迦谶则尽量严谨地避开这些术语。

而且一部分译者（尤其是支谦）在翻译诗歌时偏爱对其中一些平铺直叙的部分使用四字结构；而另一些译者（安世高和支娄迦谶）则避免全部使用韵文，翻译诗歌的风格如同散文。

很明显，在汉语译文活动的早期，几种不同的翻译风格在这一时期并存，我们不可能对翻译风格一概而论。我们只能说，许多不同的翻译策略，造成了同一地区、同一时期词汇和风格上的显著差异。例如，支谦的大部分译作是在吴国（中国的极端东南文化圈）完成的。其词汇和风格在不久后就被来自遥远的西北城市敦煌并在敦煌和长安从事翻译工作的竺法护全盘采用。

第二，在语体色彩上，尽管后汉和三国时期一些佛经翻译的文言和白话文各自具有典型的特征，体现出文言与白话成分的混杂（Karashima，1996年；Zürcher，1996年），然而我们很难对这一时期经文翻译的文言和白话文的差异得出确切的结论。

众所周知，一些译者（最显著的例子是支娄迦谶）在译文中掺杂了诸多口语表达。但即使支娄迦谶译文中包含了非正式的谈话内容，也不能单纯地推断其内容完全反映了公元2世纪洛阳的口语状况。因为即使在支娄迦谶以白话文为主导的经文翻译中，大量的多音节词汇对该时期一般中国读者（或听众）来说也不是简单易懂的。注意此时读者们还尚未接触到佛教，大众一般没有接受过教育，而且使用以汉语为母语的单一语言。

更进一步说，事实上大部分的译者采取了文言的形式。安玄和严佛调就是很好的例子，与汉代其他佛教文献相比而言，他们大多采用文言形式。支曜也是如此，他的语言比汉代其他任何佛教文献都较为文言化（Zürcher，1991年）。另外还有康孟详，Zürcher（1991年）称其译文为"汉代佛学最复杂的译作"。支谦和康僧会的译作也被认为表达方式极文言化。

综合以上两点，贝罗贝教授认为，早期佛经译本的语言性质非常复杂，需要谨慎对待。

三、更多语言学议题

贝罗贝教授接下来讨论了一些早期译经中的语言学议题，来证明早期佛经译本不应该用作语言学研究的语料。首先是人称代词的问题。第三人称代词"厥"并没有在东汉的译文中出现，但是却频繁出现在三国时期吴国的译者支谦和康僧会的译作中。那么，有没有时间上和（/或）地理上的差异呢？这也无法确定。因为第二人称代词"如"在安玄和严佛调的译作中常常出现，而从未在安世高的译作中出现过，但安世高也曾在其 40 年前于洛阳从事译文工作。最后，更为显著的是，第一人称代词"吾"的分布情况。"吾"在安玄和严佛调各自的译作中分别多次出现，而未曾在与其同时期同在洛阳的支娄迦谶大量译作中出现。

除人称代词外，贝罗贝教授还简要涉及了副词"已"、处置式以及 OV 语序这些语言现象。由此说明，我们很难从对早期译经的分析中得出合乎逻辑的结论。

最后，贝罗贝教授总结认为，使用东汉到魏晋南北朝翻译佛经时要小心谨慎，因为这些语言不反映当时的语言现实，而是文学语言和宗教语言。而且，从印度—雅利安语借鉴一些结构来推断汉语也是不合适的。事实上，几乎在任何情况下我们对源语言都不了解。早期佛经译作为历史语言学的研究提供了又一个很丰富的样本（尤其是在形态句法的演变或历时句法方面），说明了这样一个问题：研究中我们总有一些有价值的问题，可是往往是在用不合适的材料来解决这些问题。

讲座结束后，王邦维教授对讲座内容进行了点评。王邦维教授认为，研究佛经时重视源语言、谨慎对待语料，这种观点非常值得赞同。注重梵汉对比研究，重视汉译佛经，是法国汉学研究的重要学术传统。这种传统从佛教历史学、考古学延伸至文献研究本身，也注重对原始语言的探索。我们应当注意到，作为佛经来源的印度语言本身也并非一成不变的。而译经本身文本多样性很强，译者对此的处理也很不相同。王邦维教授重点对《贤愚经》等佛经的性质进行了说明，在此基础上指出，研究中不仅要重视汉语本身，还应当了解梵语、了解佛经本身的形成和发展过程，才能得出科学的结论。王邦维教授最后提出，早期译经语言是否如贝罗贝教授所言，在当时是一种"完全不同"的语言，这从佛经的广泛传播和接纳程度来看，似乎还可商榷。此外，贝罗贝教授的研究对目前热门的梵汉对勘研究有影响，王教授认为，梵汉对勘的工作仍然是值得进行的，但是应当注意对比方法、对比目的、对比方式等；这提高了梵汉对勘研究的难度，但是会使研究的科学性更强。

点评后，出席讲座的专家学者和贝罗贝教授、王邦维教授进行了热烈的讨论。段晴教授提出，我们应该考虑翻译佛经中外语对汉语的"影响"是什么性质的，是否佛经的翻译调动了汉语本身所具有的一些结构？贝罗贝教授认为早期佛经是一种"完全不同"的语言，段教授则认为，这可能和目前对其释读水平不够有关。段教授还指出，希腊文化对犍陀罗地区的影响很大，在研究中也值得重视。此外，曹广顺研究员针对梵汉对勘问题、刘广和老师针对慧琳和玄应对早期佛经的批评等，和贝罗贝教授交换了意见。

最后，杨荣祥教授对本次讲座进行了总结，他认为贝罗贝教授的研究指出了早期译经内部性质的参差，涉及汉语语法史领域的语料鉴别问题，对汉语语法史的整体研究具有很大的启发意义。

九
北京大学"大学堂"讲学之二

2015年12月22日下午,贝罗贝教授在人文学苑1号楼108会议厅进行了第二次讲座,主题为"汉语的句法与语义变化"。讲座由北京大学中文系杨荣祥教授主持、蒋绍愚教授点评。参加者除了北京大学的师生之外,还有来自中国人民大学的陈前瑞教授,以及北京师范大学、清华大学、首都师范大学、中国社会科学院、中国政法大学的专家学者。

贝罗贝教授在讲座中指出,最近十五年来,汉语历史语法领域最重要的成果也许是对汉语语法演变机制所做的理论和方法论上的思考。在讲座中，他主要分析了语法演变中的这样几个概念：语法化（grammaticalization）、重新分析（reanalysis）、类推（analogy）、去语法化（degrammaticalization）、功能更新（exaptation）、单向性（unidirectionality）、语用推理（pragmatic inferencing）、构式化（constructionalization）与构式变化（constructional changes）。

在这些分析的基础上，贝罗贝教授认为，语法演变的机制分为内部机制和外部机制。内部机制有类推和重新分析两种，类推包括词汇化/去语法化，重新分析包括语法化和功能更新；外部机制则是外借。而内部机制中，语法化不一定比类推更重要。贝罗贝教授还分析了这些机制的动因，指出内部动因是语义—语用演变（semantic-pragmatic change）和主观化（subjectification）。在语义—语用演变中，隐喻联想和类推比较有关，而语用推理（pragmatic inferencing 或 metonymization）和重新分析比较有关。此外，内部动因还有结构要求（structural requirement）、类型压力（typological tension），以及其他如语音变化（phonological change）等。外部机制的动因则是语言接触。

贝罗贝教授首先分析了"类推"的概念。在介绍已有定义的基础上，他指出类推有两种，即模式上的类推和非模式上的类推，后者不必有已存在的形式。据此，贝罗贝教授认为，语法化不一定是模式上的类推，而去语法化一定是模式上的类推（Kiparsky，2005年；2012年），例如，古代汉语的合音词"之+于＞诸""不+之＞弗"。

"重新分析"的概念，贝罗贝教授引用了Hagège（1993年）的定义，即语言的用户不再按以前的理解来分析某一结构，而是对组成该结构的各句法单位做出新的组配，赋予彼此之间新的句法关系。据此，词序的变化也属于重新分析。贝罗贝教授进一步指出，尽管大多数语法化的情况也就是重新分析，但并非总是如此。实际上，重新分析的情况还包括那些不是从词汇结构向语法结构，而是由语法结构向词汇结构的变化，这些变化是词汇化过程（lexicalization processes）。

在对"语法化"概念的分析中，贝罗贝教授着重强调，语法化不等于语法演变，后者是指语法范畴和语法成分产生和形成的过程或现象。我们只应对历时演变过程使用"语法化"这个术语，避免将语法化也同样看作一个可以了解共时语法的过程。

接下来贝罗贝教授介绍了语法化的一些倾向和原

则。关于"单向性",贝罗贝教授指出,语法化(而不是重新分析)是单向性的,总是从实词到虚词。单向性假设认为,语法化总是从词汇成分到语法成分,从较少语法成分到较多语法成分。也就是相对来说的"封闭的"(closed)范畴都源自主要范畴,即相对来讲词汇里的"开放类"(open),如名词和动词。这一假设在汉语里已经得到有效的证明。不过,把单向性只看作是一个假设,而不是一条原则甚或一个确定的特性,这样或许更好。贝罗贝教授还分析了Hopper(1991年)的四个典型原则:层次(Layering)、分离(divergence)、限定(specialization)和持续(persistence)。

接下来,贝罗贝教授分析了语法化的MGMF(more general more frequent principle)原则(Hagège,1993年),也就是说,容易被语法化的那些词汇意义通常是词汇场中的上位义项(hyperonyms)。换言之,被语法化的词汇项典型的是那些为人们所熟知的"基本词"(basic words),或者至少是那些人们容易接纳的词。这种倾向在对汉语"与""把""在""了"语法化的研究中也能观察到。

关于语法化,贝罗贝教授还涉及了"语法化斜坡"(clines of grammaticality),即语法形式不会突然从一个范畴转移到另一个范畴，而是要经过一系列逐步的过渡环节，这些过渡环节在跨语言的类型上是趋于一致的。其过程是：实词＞语法功能词＞附着语素＞屈折性词缀。贝罗贝教授以汉语的"共"（动词＞副词＞介词＞连词）、"了"（动词＞动相补语＞体后缀）为例做了说明。

贝罗贝教授还讨论了循环的概念（notion of cycle）。他认为，实际上几乎没有什么证据可以假定语言的句法是在一个不可更新的演变方向上演化发展的。在汉语的研究中，研究者们已经注意用循环的概念分析演变，如南宋时期使用的副词"就/快"，后来在元代被"便/即"所取代，而到了明代初期又使用起来，等等。

在语法化概念之后，贝罗贝教授分析了"去语法化"的概念。去语法化是单向性的反例，演变方向是：形态＞句法＞话语、虚词＞实词、语法成分＞词汇成分、较多语法成分＞较少语法成分。但事实上，去语法化的实例很少。贝罗贝教授以汉语的"是"（指示代词＞系动词）、"在"（介词＞动词）为例，说明去语法化的实例都不够典型。最后他还分析了去语法化和词汇化的关系。

"功能更新"是指已经不用了或很少用的语法词来

表示新的语法功能，变成新的语法标记（Lass，1990年；Gould，1983年）。贝罗贝教授认为，功能更新是重新分析，因为它在概念上是新的。汉语功能更新的例子相对较少，贝罗贝教授举"也"（上古助词＞中古副词）、"那"（六朝译经的介词＞唐代的指示代词）为例来说明。

"外借"是一种外部机制，是"某一语言对此前在另一语言中已有模式的一种尝试性的复制重现"（Haugen 转引自 McMahon，1994年）。不过方法论的倾向一直是：只有当寻找内部动因的所有努力都失效时，才会考虑外部原因的可能性。通常只有基本词汇不受到借入的影响，但并不绝对。基本句型很难借入，但已有相当多的实例说明，基本语序一直有借入的情况。Faarlund（1990年）甚至声称："所有从 VO 型到 OV 型演变的例子都是由于跟 OV 型语言接触导致的。"而且外借要求两种语言具有结构上的一致性。

"语言接触"是外借的主要动因，贝罗贝教授在这里强调，语法演变的动因不是机制，因为有语言接触不一定有演变。贝罗贝教授区分了语法复制性（grammatical replica）与复制性的语法化（replica grammaticalization）。他指出，语言接触引发的外借，大部分时候借来的还是整个语法的形式和意义，跟语法化没什么关系。外借的概念现在往往用"迁移"（transfer）来表示。除了借来整个语法的形式和意义，迁移还有另外一个可能性：从 M 语言借来的只有语法意义，形式还是 R 语言的。此时一种情况是，R 语言中的这个形式是新的（但也符合 R 语言的结构）；另一种情况是，R 语言的已有形式承担了新的功能，这就属于功能更新。无论如何，借来的过程跟语法化的过程没有多大关系，接触引发的语法化的例子是少数。这个过程没有 Heine & Kuteva（2005 年）所说的那么基本、重要。

最后，贝罗贝教授指出，前面分析的是语法演变的机制及其动因。现在的问题是，语义—语用演变作为语法演变的动因，其动因又是什么？他认为，要看概念变化才能找到，这涉及概念结构、概念范畴、概念变化的问题，需要进一步研究。

讲座结束后，北京大学中文系蒋绍愚教授对讲座内容进行了点评。蒋教授认为，贝罗贝教授的讲座介绍了很多国外研究的重要成果，并对自己早年的观点不断进行深入、修正，对语言演变机制和动因的探讨十分有价值。蒋教授指出，单向性被很多学者看作语法化的重要原则。事实上词汇、语义的演变也有一定的趋向性。而且应该看到，有些演变的方向是很确定的（如：给予＞使役＞被动），但是也不完全如此，哪些演变具有方向性是值得讨论的问题。而关于循环性的问题，蒋教授补充了汉语史上存在否定和动词否定的表达形式更替，来说明循环性的表现。最后，对于语义和句法演变的关系，蒋教授修订了贝罗贝教授文章中引用的"斯"从代词到连词的演变例证（蒋绍愚，1989年），认为这种演变是句法位置和词义漂白共同作用的结果。

点评后，出席讲座的专家学者和贝罗贝教授、蒋绍愚教授进行了细致的讨论。郭锐教授讨论"去语法化"概念，就其中一个重要例子"把"（介词＞动词）提出疑问，认为所谓的"动词"其实出现在一个省略句中。杨永龙研究员认为这是一个特例，"把"仅在特定环境中被分析为一个动词性成分，这是一种"逆语法化"，也属于语法化的过程，而张美兰教授则将这种"把"看作一个可有可无的虚成分。

洪波教授赞同贝罗贝教授对语法化和语法演变的区分，也同意他对接触引发的语法化的看法。洪波教授补充了语义—语用演变的动因问题，认为可以从"信息完型"的角度考察。贝罗贝教授认为，这种角度和概念结构有关，值得进一步探讨。此外，洪波教授还指出，语义和语法的演变先后是一个必须明确的问题，针对蒋绍愚教授点评中的具体例子"斯"，洪波教授认为还是语义的漂白先于语用的推理。

杨永龙研究员赞同贝罗贝教授对语法化和语法演变、功能更新和语法化的区别。他提出，语法演变的机制和动因有几条，这种归纳可能和我们在什么层面上进行概括和描写有关。而关于去语法化的例子"是"（代词＞系动词），杨永龙研究员认为系动词的语法性强于代词，此例应该属于语法化而不是去语法化。贝罗贝教授则仍然认为代词的语法性强于系动词。最后杨永龙研究员还对接触语言学的问题做了补充。

杨荣祥教授对本次讲座进行了总结，他指出，贝罗贝教授这次讲座信息量很大，但是并不仅仅提供了结论，而是提出了很多有价值的问题。这些问题有前瞻性，对汉语史的学科发展有十分重要的意义。

讲座之后，北京大学中文系人文苑 6 号楼 B124 室组织了一次学术座谈会，主题是"汉语史研究的语料、理论和方法"。

贝罗贝教授认为，语言演变的内部机制，一是过去研究较多的语法化，二是类推。目前国外对语法化的研究多，对类推的关注比较少。而外部机制是语言接触产生的借用。最近五到十年，中国对于语言接触的研究很有成绩，如西北方言研究。贝罗贝教授以前认为内部机制更重要，但近年来看法有所改变，也重视外部机制。汉语的历史很长，这在世界上都很罕见。甲骨文就是汉语，而不是另外一种语言，是值得利用的资源。所以今后汉语的研究方向应该在两方面：一是类推这一内部机制，二是接触这一外部机制。

首都师范大学文学院洪波教授认为，未来中国历史语法学者的目标应该在两方面。第一，解决汉语自身的问题，这是从古代语文学开始的传统，应当继续下去。在解决汉语自身的问题时，应重视语言接触。汉语几千年的历史中有许多复杂因素，如汉语和藏缅、壮侗、苗瑶、阿尔泰等语系的关系，只有在汉语和周边语言的大环境中观察，才能找到汉语史的研究方向。语言既然是一个复杂的适应系统（王士元），就应该从社会、人类的角度来考察，重视历时和共时两方面的问题。例如，周秦汉语和殷商的差异如何，原因如何？《切韵》时期的语言分南方、北方，二者差异如何？这都是值得思考的。第二，理论成果的贡献。

汉语历史悠久、地域广阔，语言接触的情况值得重视，对其他语言如日语、朝鲜语等的影响也很重要。这些现象中蕴含着一些理论问题。今后应当在理论方面有所创新，力图给普通语言学贡献出理论成果。

中国社会科学院语言研究所杨永龙研究员介绍了社科院语言所目前的三个课题。第一个课题是汉语史上的语言接触，包括元代和清代汉语跟北方阿尔泰语的接触、六朝时佛经和中土文献的比较、当代正在进行中的北方汉语和阿尔泰语的接触研究。他指出，这些都是在贝罗贝教授倡导下进行的，应当对他表示感谢。另外两个课题分别是历史语义研究和多卷本《汉语语法史》的编写。这三个课题都涉及了贝罗贝教授和洪波教授提到的几个方面，既包括历时研究，也包括共时研究，还包含理论提升和总结，都是我们今后继续努力的方向。

北京语言大学文学院华学诚教授指出，汉语史研究需要思考语音、语法、词汇的演化之间有哪些关系，三者如何互相影响。更重要的是，汉语历史悠久且有连续文献，这是一个世界范围内都很独特的资源。这一资源离不开文字。汉语史的材料是文字转写的文献资料，因此文字也是汉语研究的一个重要方面。而文字自身也在不断演化，在传抄流传中的各种文字现象值得关注。华教授认为，陆宗达提出的"文献语言学"概念，可以更好地概括汉语史学科的特征。目前北京语言大学的"文献语言学"项目，正致力于这方面。

北京师范大学文学院王立军教授指出，目前汉语语言学研究应当关注"两个沟通"，即古今沟通和中外沟通。传统训诂学重视材料，理论性弱。现代西方语言学理论性强，材料关照不够。二者的对接值得思考。传统训诂学和现代语义学的结合目前仍有困难，具体来说就是传统训诂学如何形成语义框架、方法论的问题。此外，把握汉语研究的独特之处，就要认识到汉语语义研究离不开文字，因为汉语的历史研究是以文献材料为基础的。在造字过程中，口语语义如何转化成字形的意义，字形的意义再如何从文献中被提取出来，这是汉语语义研究的根基问题。因此，汉语语义研究中，文字的干扰是无法用西方语言理论来类推的，因而应当关注文字和语义的互动。

中国社会科学院语言研究所赵长才研究员在发言中提到，《语言哲学》指出语言研究有"从外向内""从内向外"两个方向。以往的研究主要是"从外向内"，也就是探讨形式变化入手。吕叔湘先生的《中国文法要略》后半部分则是从范畴进行讨论，这就是"从内向外"的路径，这一路径值得重视。从语义范畴入手，观察某范畴在这一时期有什么表达方式，这样就不局限于一个词项、一个结构、一个表达手段的研究，而能有所联系。因为语言演变不局限在一个语法形式上，语用等因素的促动对语言演变产生的影响，都值得进行全面的考察。例如询问原因，除了疑问代词，魏晋南北朝时期还有其他的、非凝固的表达方式。

杨荣祥教授介绍了北京大学的汉语史学科，讨论了语音、词汇、语法的联系问题。张美兰教授、陈丹丹副研究员介绍了对清代汉语的研究中遇到的问题。李明副研究员讨论了理论借鉴中的学术史视角等问题。最后，北京大学中文系胡敕瑞教授对座谈会进行了总结，他对贝罗贝教授和各位专家学者的参与表示感谢，也感谢北京大学国际合作部和中文系的支持。他指出，汉语史的研究无论是材料还是方法都还有深入探讨的需要，希望今后还有机会进行更多这样的交流。

十
早期"把"字句的几个问题

1. 引论:现代汉语的"把"字句

"把"字句的形式一般是"$NP_1+ba+NP_2+VP$"(NP_1=名词组,是主语;ba["把"或"将"]是介词,用来引接当宾语的NP_2;VP=动词组)。现代汉语的"把"字句已经有许多人研究过了,如王还、张洪年、梅广等。这些研究主要是找出"把"字句的各种限制。

一、控制NP_2的动词必须能处置这个NP_2,这就是王力40年代提出"处置式"的原因。"处置式"说明一个人或物如何被处理或安排。对动词的语意这个限制有许多例外：一些处置动词不能用于"把"字句（如"摆弄"）；更重要的是很多"把"字句里面的动词的性质不明显，很难确定它们是不是处置动词。例如：

（1）他把路走错了。

二、第二个限制是：NP_2 必须是有定的（或专指的）。这个限制也有例外：

（2）我不小心把个杯子砸了。

三、第三个限制主要在 VP 上：如果 VP 在句子的最后，它不能只是一个动词，必须跟着补语，或者另一个宾语，或者数量词组，或者时态助词，或者动词本身重叠。这个限制往往无效。单独的动词也可以出现在"把"字句的最后，只要这个动词是双音节的。例如：

（3）我们建议把这个提议取消。

就是单音节动词，如果前面有状语，也可以放在句子最后。例如：

（4）他把被子往小孩身上拉。

我们应该把这个限制重新界定为：句子最后的VP不可能只是单音节动词。大部分语言学家都赞同吕叔湘的意见，认为这是"把"字句的主要限制。事实上，这个限制大概是必定的，只有 C. N. Li. & S. A. Thompson 认为这只是一个次要的限制，第一个限制（动词是处置式的）才是主要的。关于现代汉语的"把"字句，见吕叔湘及陆俭明等的相关文章。

现代汉语里似乎也有一个条件让所有的动词后面都不能跟着两个成分（这当然不包括双宾语结构）。所以"动词+C_1+C_2"这个格式是不可能的。黄宣范把这个条件称为"表面结构的条件"（surface structure condition）。黄正德则在他的 X 理论中谈到"词组表面的条件"（condition of syntagmatic structure）。他认为这个条件能解释为什么 a 是不合语法的而 b 是完全可以的：

a. 我放书在桌子上。
b. 我把书放在桌子上。

黄正德的研究限于现代汉语，没有提到"把"的起源。黄宣范深入一层,他认为这个表面结构的条件可以解释宾格的"把"字句的起源和它们的发展,是因为不能有"动+C_1+C_2"这个格式,所以作为宾语的 C_1 移动到动词的前面。

P. A. Bennett 也提到了古代汉语里动词后面的成分的限制。他发现动词后面不可以有两个介词组(PP)。他又认为在"把"字句的最初形式里,动词后面一定有某个成分。他相信"把"字句是从古代汉语的"以"字句,透过同类现象(by analogy)发展来的。"以"字句最初用在双宾语结构中,然后用在带处所补语的结构中。例如:

(5)孔子以其兄之子妻之。(《论语·先进》)

我先要说明,这些假设都是不适当的。

2. 中古汉语没有表面结构的条件

处置式"把"字句最初出现大概在 7 世纪末或 8 世纪初。有些学者找到了六朝时代的几个例句,但很难确定这些例句里的"把"字是不是介词。

(6) 把粟与鸡呼朱朱。(《洛阳伽蓝记》,p.4)

"把"是否介词,很难确定。我认为在这时"把"仍然可以是动词。

7—8世纪"把"字句刚出现时,动词后面不一定跟别的成分。所以黄宣范的表面结构条件,在"把"字句最初出现时根本没有起任何作用。甚至8—9世纪的一般"把"字句,后面都似乎没有任何成分。下面的例句里的动词都是在句子最后:

(7) 独把梁州凡几拍。(顾况:《李湖州人孺子弹筝歌》)
(8) 阿朗把数都计算。(变,p.111)
(9) 又将七宝依前施。(变,p.442)

这些句子说明"表面结构条件"在当时并不存在。如果这个条件不存在,就难以解释"把"字句的起源。但这些例句却相当符合上面提过的第三个限制的第二个形式,"句子最后的VP不可能只是单音节动词"。的确,例(7)(8)(9)里的动词组虽然在句子的最后,但都不只是单音节的动词构成：动词前还有一个状语，而且例（8）的动词是双音节的。那是不是说这第三个限制在中古汉语时已经有效呢？不是。仔细一看就发现第三个限制也不适用于最初的"把"字句。下面例句里的动词都在句子的最后，都是单音节的，前面也没有什么状语。

(10) 闲常把琴弄。（任华：《寄杜拾遗》）

(11) 徒把凉泉掬。（宋之问：《温泉庄卧病寄杨士炯》）

(12) 谁将此义陈。（杜甫：《寄李十二白》）

(13) 莫把杭州刺客欺。（白居易：《戏醉客》）

(14) 但愿春官把卷看。（杜荀鹤：《入关因别舍弟》）

(15) 欲把青天摸。（皮日休：《初夏游楞伽精舍》）

(16) 不把庭前竹马骑。（变，p.607）

(17) 乾坤似把红罗展。（变，p.552）

(18) 须把黄金炼。（孟郊：《交友》）

(19) 月下把书看。（贯休：《寄乌龙山贾泰处士》）

(20) 似把天河补。（皮日休：《吴中苦雨因书一百韵寄鲁望》）

(21) 未胜常将般若持。（变，p.433）

(22) 早晚曾将智慧开。（变，p.583）

(23) 火急将吾锡杖与。（变，p.730）

(24) 却捉主人欺。（变，p.262）

上面最后一个例子特别有意思，因为用的不是"把"，也不是"将"，而是"捉"。这个"捉"较少见，大概只在敦煌变文中出现，唐以后就完全见不到了。还有几个有"捉"的例子：

(25) 因便捉窠烧。（变，p.263）

(26) 捉我巴毁。（变，p.251）

(27) 捉妾陵持。（变，p.102）

(28) 胥是捉我支配。（变，p.250）

例（10）~（25）都显示了阻止"把"字句里的VP为一个单音节动词的限制在中古不起作用。

吕叔湘已经指出过"把"字句里的动词在唐代可以在句子最后。不过他认为这些例子是特别的，都是诗句。的确，我前面提到的例子除了用"捉"的以外都是诗句，变文例子也不例外。吕先生就用押韵的原因来解释为什么动词后面没有任何一个成分。

这个看法值得再做斟酌。我认为最初的"把"字句，无论是不是诗句，动词后面一般没有跟宾语，也没有补语或任何时态助词等。最初的"把"字句最普遍的形式都往往以动词结束：例（26）～（28）及（29）～（31）。

(29) 料理中室将少府安顿。(《六祖坛经》，1)
(30) 五祖把橹自摇。(《六祖坛经》，1)
(31) 遂将其笔望空便掷。(变，p.170)

上面（26）～（31）例句都不是诗句，动词都在句子的最后，不过这些动词都是双音节的或者是以状语加动词这种形式组成的VP。但是我们也可以找到许多非诗句例子里面的VP是由一个单音节动词构成的：

(32) 问有将无对问无将有对。(《六祖坛经》，10)
(33) 世界似将红锦展。(变，p.549)
(34) 仰山便把茶树摇。(《祖堂集》，16)
(35)＝(24) 却捉主人欺。
(36)＝(25) 因便捉橐烧。

我们得到的第一个结论是：最初的"把"字句多是

动词在句子最后,而且有不少是单音节的,前面也没有状语。大部分例子见于诗句,也有非诗句的。押韵的问题在这种情况下没有任何作用,因此黄宣范所提到的有关动词后成分的数目的这个条件并不能完满地解释"把"字句的产生。

不过这并不等于说最初的"把"字句里的动词后面都没有别的成分。"把"字出现之后,我们就可以找到几个"主语+把(将)+宾语+动+处所补语"的句子:

(37)将竹插于腰下。(变,p.8)
(38)每把金栏安膝上。(变,p.506)

祝敏彻也认为"把(将)+直接宾语+动+与+间接宾语"这个形式出现在中唐时期("与"是引进间接宾语的介词)。例如:

(39)堪将指杯术,授与太湖公。(皮日休:《射鱼》)

到南宋时,以动词结束的"把"字句才慢慢少于动词后有别的成分的"把"字句。那时大部分"把"字句里的动词后面都有一些成分(一般是慢慢普遍起

来的时态助词"了"):

(40) 公只是将那头放重了。(《朱子语类》,5)
(41) 恐将本义失了。(《朱子全书》,13)
(42) 将防送军人杀了。(《大宋宣和遗事》,p.37)
(43) 将那姓花名约的拿了。(《大宋宣和遗事》,p.38)

南宋的《大宋宣和遗事》中,找到73个"把"字和"将"字句,其中只有两句以动词结束而动词是单音节的。其中12句以双音节动词结束。其他的都是动词后面跟着某个成分。

不过这种以单音节动词结束的"把"字句直到《水浒传》仍然可以见到:

(44) 师把西堂鼻孔搜。(《景德转灯录》)
(45) 秋时又把什收,务时又把什藏。(《朱子语类》,pp.2047,1289)
(46) 且将一件书读。(《朱子语类》,pp.4657,2913)
(47) 又把俺打量。(《水浒传》,12)
(48) 故意不把船开。(《水浒传》,55)

据向熹研究,《水浒传》里百分之二点五的"把"字句仍以单音节动词结束。

除了"把"字句的问题之外,我们可以进一步怀疑黄宣范的理论,他提到的限制在中古和近代汉语中恐怕难以成立。至少直至 16 世纪,我们仍可找到动词后面跟着两个成分(一个宾语加一个补语)的许多例子。例如:

(49) 谁知锁我在金笼里。(《雀踏枝》)
(50) 喷那毒气在洪太尉脸上。(《水浒传》,1)
(51) 王婆收拾房里干净了。(《水浒传》,24)

这些句子在现代汉语中是不可能的。

总而言之,可以说最初的"把"字句的形式是:"主语+把(将)+宾语+动词"。这个形式是"主+动+宾"形式的一个变式。两个格式实际上没有什么差别。中古的"把"字句似乎跟闽南话的"把"字句一样;在闽南话里,如邓守信所说的,"ba+宾+动",和"动+宾"两个形式其实是互为变式。

这当然并不是说有过这么一个单一的历史性的演变,"主+动+宾">"主+把(将)+宾+动"。那"把"字句到底是怎样产生的呢?

3. "把"字句是从连动式变化而来

所有的人都同意"把"和"将"本来是有"拿""持"意思的动词。它们在现代汉语中也可以这样用，所以有些语言学家，如祝敏彻、王力、C. N. Li. & S. A. ThomPson，提出宾格式"把"字句是来自"动₁+宾+动₂"这个连动式（动₁＝把、将、捉）中动₁通过一个语法化（grammaticalization）的过程变成介词。我想这个假设是合理的。

P. A. Bennett 反对这个看法，说变成介词的动词都没有用于连动式。不过只有上古汉语里的动词"把"或"将"没有用于连动式。到了中古时（祝敏彻认为是魏晋南北朝以后），"动₁+宾+动₂"里的动₁是"把""将"的例子已经不少了。往后我们会看到许多的例子。

黄宣范也反对语法化的理论。他在最近一篇文章里似乎放弃了他原来用来解释"把"的起源的表面结构条件。但是他还是不采用动词"把"＞介词"把"这个语法化过程的观点。相反，他提出了另外一个他叫作"反语法化"（anti-grammaticalization）的理论。他的论点是："把"在唐代的连动结构里当动词的例子很少见。大部分情况,"把"还是以主要动词的姿态出现在简单句里。黄宣范所用的材料是各种"禅宗语录"。这些语录之中,除了《祖堂集》以外,其他的很难确定年代。《祖堂集》是公元952年的文献,这毫无疑问。其他的如《林齐语录》是哪个年代就难以肯定。因此这些语录作为材料并不十分理想。

同时,用《祖堂集》来分析"把"字句的起源也有些不妥当,因为这个10世纪的文献太晚了。"把"字句在当时已经通行了两个多世纪。

最后,最重要的是黄宣范文章里的例子也不足以让他得到他希望获得的结论。请看看他分析《祖堂集》里面"把"字句出现情形的表:

作 为	把	将
1. 主要动词	32	17
2. 加上趋向补语	8	83
3. 在连动式里面	19	65
4. 宾语的记号(object marker)	7	29
	63	194

这个表除了表示"将"比"把"常见以外(而这是大家本来就承认的)并不再表示什么。不过,话得说回来,"把"还是可以当介词(可以做宾语的记号),

也可以作为连动式"动₁+宾+动₂"里面的动₁。

最奇怪的是,黄宣范另一方面却不得不承认介词"将"是来自连动式的动₁"将",然后他认为介词"把"的起源只是简单的词汇替换,就是"介词'将'">"介词'把'"。我想这个说法不会令人满意。下面会看到"把"跟"将"一样,本来都是动词,在"动₁+宾+动₂"这个结构里占动₁的地位。所以没有理由不承认动词"把"也通过了一个语法化的过程变成介词"把",就算"动'将'>介'将'"的语法化可能比"动'把'>介'把'"早,这一点其实也是有待证明的。在理论上,用同样的解释来分析类似的,甚至是相同的现象是比较合理的,而用单独个别解释来分析,尤其是用简单的词汇替换这个解释是难站得住脚的。因此我们得承认"把"跟"将"一样,经过了语法化的过程。这个过程究竟是怎样进行的呢?

事实上,像祝敏彻所说的,一共有两种有"把"字的形式:

(一) 主语+动₁+宾₁+动₂+宾₂

这里宾₁是动₁的宾语,宾₂是动₂的宾语。动₁="把"或"将"。例如:

（52）恒将人代工。（唐明皇：《春晚宴两相及礼官丽正殿学士探得风字》）

（53）诗句无人识，应须把剑看。（姚合：《关杜观罢举东游》）

在（53）里，并没有宾$_2$，但从句子的内容来看，就可以知道"看"的宾语是"诗句"。这第一个结构带来一个工具格格式，例如：

（54）轻将玉板敲花片。（张祜：《公子行》）

（二）主语＋动$_1$＋宾＋动$_2$

这里"宾"同时是动$_1$（"把"或"将"）和动$_2$的宾语，因为动词"把"或"将"的语义性质让它的宾语可以同时是另一个动词所表示的另一个行为的对象。例如：

（55）醉把茱萸仔细看。（杜甫：《九日蓝田崔氏庄》）

（56）孙子将一鸭私用。（张鷟：《朝野佥载》）

从第二个结构产生了"把"字句的宾格。所以说，下面两个变化是历史上的发展：

（一）动₁"把"（"将"）+ 宾₁ + 动₂（+ 宾₂）＞介"把"（"将"）+ 宾₁ + 动（+ 宾₂）。这是工具格式。

（二）动₁"把"（"将"）+ 宾 + 动₂＞介"把"（"将"）+ 宾 + 动。

这是用"把"（或"将"）的宾格格式。

这些历史上的变化产生自一个语法化的过程。如法国语言学家梅耶（A. Meillet）1912 年指出，语法形式的建立主要经由两个主要过程：（一）同类现象（analogy）（一个形式因同类于另一形式而产生）。（二）语法化，即是"一个本来独立的词转化为语法成分的功能"的过程。同类现象更新形式的细节，一般来说不会改变整个系统，而语法化则会制造新形式、新的词类而改变系统的整体性。

因此，"把"和"将"这两个动词原来的意思虚化了，变成虚词（介词），用来引进一个工具格或宾格。原因大概是因为在连动式里，动₂比动₁所起的作用较大。

这两个中古时的连动结构（工具格的和宾语格的）产生一个问题：其中的两个动词之间的关系究竟是并列（联合）还是偏正？崔圭钵曾经讨论过这个问题，他进一步肯定了 Cheung Yat-shin 的观点，反驳了祝敏彻的说法，认为两个动词的关系是并列联合的。我也同意这个看法。

现在让我们回头看看"动₁'把'或'将'+宾+动₂"这个带来宾格格式的连动结构。它跟"动₁'把'或'将'+宾₁+动₂(+宾₂)"带来了工具格格式的连动结构不一样的是:第二个结构里有时出现跟宾₁不同的一个宾₂,而第一个结构没有这种宾₂。

不过,在第一个结构里,我们可以在动₂后加一个宾₂,这个宾₂应该跟宾₁是同一个词。

B. K. T'sou 提出过例(55)里在动₂"看"后面可以重建"茱萸"这个名词而认为例(55)是从例(57)变化来的。

(57) 醉把茱萸仔细看茱萸。

这个变化是把第二个名词省略掉,因为这第二个名词跟第一个名词是同一个词。

这个假设在我看来是完全合理的。为了进一步肯定它,我们可以提出有代词"之"在动₂后面的一些例子。这个"之"的功能代替了动₁后面的宾₁。例如:

(58) 就将符一法命焚之。(冯翊:《桂花丛谈》)
(59) 船者乃将此蟾以油熬之。(陆勋:《志怪》)

（60）即将梁元纬等罪人于真墓前斩之讫。（变，p.876）
（61）汝将此人安徐杀之勿损皮肉。（《佛说长阿含经》，7，后秦）

"之"在例（58）里代替了"符"，在例（59）里代替了"此蟾"，在例（60）里代替了"梁元纬等罪人"，在例（61）里代替了"此人安徐"。这些例子表示，例（55）及（57）里动词后的NP与动词前的NP为同一名词，这个重建并非荒诞，因为我们在当时的文献中可以找到一些例句，动词后的代词所指的是动词前的NP。

动词后的代词"之"替代动词前的名词组的过程称为代词化（Pronominalization），目的是避免重复同类的名词组。不过汉语碰到这种情况时，大部分是以省略一个名词组这个方式来解决问题，比较少用代词化这个方式，所以像（58）～（61）这样的例子不很多。

因此，先有过下面的共时的变化（synchronic derivation）：主+动₁"把"（"将"）+宾₁+动₂+宾₂→+主+动₁"把"（"将"）+宾+动₂"，条件是宾₂=宾₁；然后历时的变化（diachronic derivation）才发生，通过语法化的过程，动词"把"变成介词"把"，主+动₁"把"（或"将"）+宾+动₂>主+介

"把"(或"将")+宾+动。

这个历史的变化并不一定需要前面说过的共时的变化。的确,一些例句里面,动$_2$后面还有宾$_2$,而"把"("将")不再是动词而是介词。这种例子当然进一步加强了在动$_2$后面可以重建一个宾$_2$这个假设,例如:

(62) 还把身心细识之。(变,p.583)

祝敏彻也提出了这样的一个例子:

(63) 猴行者当下怒发,却将主人家新妇,年方二八,美貌过人,行动轻盈,西施难比,被猴行者作法,化此新妇作一束青草,放在驴子口伴。(《大唐三藏取经诗话》)

不过这个例句有点问题。这里的"将"不一定是介词,很可能还是动词。

因此,"把"字句的形式在历史上产生自"动$_1$'把'+宾+动$_2$"的连动式,里面的宾语同时是动$_1$和动$_2$的宾语,这个连动结构本身是共时地产生自"动$_1$'把'('将')+宾$_1$+动$_2$+宾$_2$",当宾$_1$=宾$_2$时,宾$_2$省略掉。

4. 结论

一、语法化在汉语句法变化中起了非常重要的作用。我不认为词汇替换可以很好地解释汉语历史上的新形式的出现。我也不相信从别的语言借来的语法现象是解释新形式的好理由。句法结构上的变化必须从汉语本身的句法结构中去找。

二、动词的语法化（虚化）为介词或宾格记号表示 PP 来自连动式。批评这看法的人都没有提出令人满意的理由，可能是因为他们没有看到合适的材料，例如中古白话文献。这类材料对研究语法结构变化是必要的。我们不能只是依赖文言文的材料，因为文言文从公元前 5 世纪到公元 19 世纪期间没有显著的变化。研究法国历史语法的学者在分析法语的句法变化时，也不会把拉丁文和现代法语作比较。

三、上文讨论的语法化发生在 7—9 世纪。我曾研究过的双宾语结构及比较句语法变化内也有类似的语法化过程。"与"从有"给予"意思的动词虚化为宾格介词"与"，有比较意思的"比"则虚化为比较介词"比"。这些变化都发生在 7—8 世纪之间。梅祖麟说明"了"的语法化过程——从有"完结"意思的动词变为时态助词——也发生在8—9世纪。这个时间上的吻合大概不是偶然。在7—9世纪之间，汉语内部发生了重要的变化，导致汉语语法结构的重新分析（reanalysis）。而这些重新分析是突然的变化。瑞尼·杨姆（R. Thom）的"突变理论"（catastrophic theory）认为某个系统的整体演变是许多连续性的小演变所构成的，但这些小演变是由一些突然的、具有非常不同性质的跃进所相隔。7—9世纪之间某些动词虚化为介词的语法化过程，可能是这类突然跃进。

注：贝罗贝，原文载于《语文研究》1989年第1期。

十一
汉语的语法演变——论语法化

0. 引言

正像 75 年前法国语言学家梅耶所指出的，语法形式的形成主要有两个过程：一是类推（一个形式因类同于另一个形式而产生），二是语法化，即"一个本来独立的词演变为一个具有语法功能的成分"。

类推现象迄今已得到广泛的研究。研究表明，大量的句法重新分析现象可以被视为现存表层模式（existing surface patterns）的类推性扩展（analogical extensions）。然而，类推并不是语法演变的原则，"很多重新分析现象可以解释为类推性扩展，但这并不意味着可以将类推视为演变的原则，更不能看作一种解释性原则"。

同样，最近才重新受到关注的语法化现象，也不是一种具有解释功能的过程。语法化可以告诉我们语法演变的机制是什么，但它并不能提供这类演变的原因，而且也不能解释重新分析为什么会发生。

尽管在下面的讨论中我们会经常提到类推，但本文主要讨论的问题是语法化。我们将详细探讨汉语中的四个语法化过程，这些语法化过程都发生在唐代，它们导致若干动词演变为介词或助词（particles）。

自从 Li C. N. 和 Thompson 提出由动词变为介词的语法化发生于连动式［即"$V_1+NP_1+V_2+（NP_2）>Prep.+NP_1+V+（NP_2）$"］这一假设以来，很多学者提出不同的看法，尤其是黄宣范、Bennett 和陈初生等学者，他们认为连动式与语法化没有任何关系，因为在上古汉语阶段，那些后来演变为介词的动词并没有用于连动式结构。

最近，有些语言学家力主一种"反语法化"（anti-grammaticalization）的观点，他们试图用简单的词汇替代过程来解释某些介词的来源，或者用向具有SOV语序的阿尔泰语言的外部借用来解释汉语中位于动词之前的介词结构的来源。

不过我将证明，汉语中动词变为介词或助词是通过语法化过程来实现的，这类语法化过程发生于连动式之中。事实上，有学者早就提出过这样的假设，但他们并没有提供足够的证据来支持其假设。我们这里提出的实例是：（a）处置式；（b）比较句；（c）双宾结构；（d）完成体助词"了"。

1. 处置式

汉语的处置式指的是"NPO＋PA＋NP_1＋VP"这样的结构。其中NPO是主语；PA是用来引导NP_1的介词，在中古汉语的白话（vernacular）文献里，PA可以是"把""将"，也可以是"捉"。

我们知道，"把""将""捉"同时也是动词，其意义为"拿、持、握"；它们在上古汉语中（Archaic Chinese）一直都是动词。有些学者据此认为PA的宾格标记（accusative forms）用法源于连动式"V_1＋O_1＋V_2"，

其中的 V_1 可以是"把""将"或"捉"。我认为，这是寻求 PA 来源的一个正确方向。

不过，就像 Bennett、黄宣范以及其他学者所观察的那样，作为动词的"把""将""捉"确实并未在上古汉语的连动式中出现。另一方面，中古汉语前期以来，大量的例子提示我们，这些动词曾在当时的"V_1+O+V_2"结构中充当 V_1。事实上，有两种连动式始见于六朝时期，唐代仍然沿用。下面我们分别来讨论。

A. "$S+V_1+O_1+V_2（+O_2）$"

这种格式中的 O_1 是 V_1 的宾语，O_2 是 V_2 的宾语（S 是主语）。例如：

(1) 于是即将雌剑往见楚王。(《搜神记》)
(2) 恒将人代工。(唐明皇：《春晚宴两相及礼官丽正殿学士探得风字》)
(3) 诗句无人识，应须把剑看。(姚合诗)
(4) 轻将玉板敲花片。(张祜：《公子行》)

B. "$S+V_1+O+V_2$"

这种格式中的 O 既是 V_1 的宾语，也是 V_2 的宾语。

这种情形可能是由 V_1 PA 的语义性质造成的，因为 V_1 PA 表达的动作可以允许其宾语受另一个动作的影响。例如：

(5) 醉把茱萸仔细看。(杜甫：《九月蓝田崔氏庄》)
(6) 孙子将一鸭私用。(张鹭：《朝野佥载》)
(7) 五祖把橹自摇。(《六祖坛经》, 1)

考察表明，B 类连动式是处置式的来源。例如：

(8) 独把梁州凡几拍。(顾况：《李湖州孺人弹筝歌》)
(9) 阿郎把数都计算。[《敦煌变文集》(以下简称"变")，p.111]
(10) 闲常把琴弄。(任华：《寄杜拾遗》)
(11) 因便捉窠烧。(变，p.263)
(12) 捉妾陵持。(变，p.102)
(13) 问有将无对，问无将有对。(《六祖坛经》, 10)
(14) 世界似将红锦展。(变，p.549)

这样，我们就有了下面两种历时演变的过程：
(i) V_1 PA + O_1 + V_2 (+ O_2) ＞ Prep. PA + O_1 + V (+ O_2)(工具式)

（ii）V₁ PA＋O＋V₂ ＞ Prep. PA＋O＋V（处置式）

这两种演变都是由语法化过程实现的。在这两种演变中动词 PA 丧失了词汇意义，变成引介工具成分或宾格成分的语法标记。演变的诱因很可能是，在这类连动式中 V₂ 表达的意义比 V₁ 更为重要，这就使得 V₁ 的意义发生虚化。不过，当 V₁ 是主要动词时，它就没有演变为介词。唐代以来直到现代汉语中，我们仍可见到 PA 用作 V₁ 的连动式。事实上，上述（i）（ii）两种演变从来都不是强制性的。例如：

（15）闲将酒壶出，醉向人家歇。（白居易诗）
（16）将石返国。（变）

这些历时演变所具有的非强制性的特性正好与 Hopper 提出的"分层"（layering）和"歧变"（divergence）这两个语法化原则相一致。这两个语法化原则显示了普遍的历时趋向，并提供了一种可据以描写演变的发现程序（discovery procedure）。Hopper 对"分层"和"歧变"的界定是：

分层（layering）：在某一个范围较广的功能领域里，当新层次不断出现时，旧层次不会立即消失；相反,旧层次往往会与新层次共存并相互影响。

歧变(divergence):当一个词汇形式语法化为一个附着形式(clitic)或词缀(affix)后,其源形式仍可能作为一种独立的词汇形式而存在,并且还可能发生像通常的词汇项一样的演变。

这里有一个重要的问题需要回答:我们如何能肯定在上述演变中确实发生过语法化过程?我们怎么知道"把""将""捉"不再是动词而已成为宾格标记?的确,没有任何可靠的句法或形态标志能让我们确信PA不再是完全动词,事实上我们所能依靠的只是语义(semantics)证据。很难相信,在(8)(9)(12)以及(13)这类例子中PA还是一个"执持"义动词。因此我们推断,这个语法化过程大约发生在8世纪或者可能更早的时期。我们在隋代的佛教文献中就找到了这样的例子:

(17)时诸比丘将此白佛。(《佛本行集经》,15)

事实上,"执持"义动词用作工具格标记是很容易理解的。至于"执持"义动词演变为宾格标记在世界语言中也普遍可见,特别是在Benue-Kwa语族的西非语言中,位于动词之前的宾语标记通常源于连动式中的"执持"义动词。

让我们更仔细地观察一下导致处置式产生的(ii)类演变。实际上,这种演变跟导致工具式产生的(i)类演变之间并没有太多的不同。

在 A 类结构里,O_2 有时可以不出现,特别是当它在上文语境里已被提及的时候;如果 O_2 在话语中出现,那么其所指总是不同于 O_1。在 B 类结构里,通常没有 O_2 这种句法成分,但我们可以重建(reconstructing)出一个 O_2 来,这时它一定与 O_1 同指。事实上有学者早已提出重建 NP O_2 这样的假设。他认为,在例(5)中可以在 V_2 "看"的后面重建"茱萸"这样的 NP,并认为例(5)实际上是由下面的例(18)通过同词删除而得来的:

(18)醉把茱萸仔细看茱萸。

我认为这个假设是可信的,而且我可以用实例来证明。比如在下面的例子中,动词 V_2 后面有一个复指代词"之",其所指与 O_1 相同:

(19)就将符依法命焚之。(冯翊:《桂花丛谈》)

(20) 船者乃将此蟾以油煎之。(陆勋:《集异记》)
(21) 即将梁元纬等罪人于真墓前斩之讫。(变，p.876)
(22) 汝将此人安徐杀之，勿损皮肉。(《佛说长阿含经》，7)
(23) 还把身心细识之。(变，p.583)

这些例子表明，在"$V_1+O_1+V_2$"格式中动词V_2之后重建一个NP（O_2）的假设是非常正确的。不过，复指代词用于O_2位置这样的例子并不太多。因为在汉语中，通常是删除两个具有同指关系的NP中的一个，而很少用代词来使其中的一个NP代词化（pronominalization）。因此实际发生的不是某个NP的代词化，而是下面这种共时衍生：

NPO + V_1 PA + NP_1 + V_2 + NP_2 → NPO + V_1 PA + NP_1 + V_2（$NP_2=NP_1$时删除NP_2）

在这种共时衍生之后，紧接着发生的是下面的历时演变：

NPO + V_1 PA + NP_1 + V_2 > NPO + Prep. PA + NP_1 + V

总之我们相信，在历时层面，"把"字句是由连动式"V_1+O+V_2"演变而来的，其中的O同时是V_1

和 V_2 的宾语，通过语法化 V_1 变为介词（宾格标记）。而在共时层面，作为输入端的结构式"V_1+O+V_2"本身是由"$V_1+O_1+V_2+O_2$"派生而来的，即当"$V_1+O_1+V_2+O_2$"结构式中 O_2 与 O_1 同指时通过删除 O_2 而得到"V_1+O+V_2"这一结构式。

类推在处置式的形成过程中起到了作用吗？很可能。就像很多学者所观察到的那样，上古汉语中的"以"常用来引进双宾结构式中位于动词之前的直接宾语。此前业已存在的句法格式"Prep.+Direct Object+V.+Indirect Object"可能被用作"把"字处置式的类推模式（model）。然而，最初的"把"字句显然不是双宾结构，可见"以"字结构充当"把"字句类推模式的可能性是很小的。而且当"把"字句兴起的时候，"以"字结构已不再使用，或者只用于书面语。此外，我们还知道，一个业已存在的老结构要充当新结构的类推模式，那么在结构形式上老结构与新结构的距离不能太大。无论如何，如果确实存在这样的类推过程，那么"以"字结构也不可能是处置式的来源（因为我们并没有发现"以＞将／把／捉"这样简单的词汇替换），而且也不可能像陈初生所推测的那样，用类推或简单的词汇替代能解释介词"把"的来源。

外部借用在"把"字句的产生中发挥过作用吗？不可能。如果像本文前面所解释的那样，"把"字句处置式是通过语法化机制由"把"字连动式演变而来的，那么它就不可能是从阿尔泰语言中借来的，而对于阿尔泰语言我们目前所知甚少。胡双宝提出的"把"和"行"（另一个用于动词之前的宾语标记）之间存在的平行现象颇有意思，但这种平行现象只与元代汉语有关，而在这个时期介词"把/将"已使用了四个世纪。

2. 比较句

比较句的历史为我们提供了发生于连动式中的另一个语法化过程的例证。

在上古汉语后期以及中古汉语前期（汉代），比较句的结构形式是"X+A+比较标记+Y"，其中 X 和 Y 是两个比较项，A 表示比较的维度（dimension）。

表"胜过程度"（superior degree），比较标记用"於"。例如：

(24) 季氏富於周公。（《论语·先进》）

(25) 冰水为之而寒於水。(《荀子·劝学》)

表"等同程度"(degree of equality),比较标记用"如"或"若";而"不及程度"(degree of inferiority)则是通过对"等同程度"的否定来表达的(否定词"不"通常加在比较标记之前)。例如:

(26) 君子之交淡若水,小人之交甘若醴。(《庄子·山水》)
(27) 尽信书则不如无书。(《孟子·尽心下》)

在上古和汉代汉语中,也有另一个比较标记"比",但它一直是个动词,意为"与……相比"(或"像……一样""仿佛")。例如:

(28) 夫世愚学之人比有术之士也,犹蚁垤之比大陵也。(《韩非子·奸劫弑臣》)

在上古汉语中动词"比"从未在连动式中出现过。正如黄宣范所指出的,它是"一个带直接宾语的简单及物动词"。正因为如此,他用比较句来证明 Li C.N. 和 Thompson 的下述假设无效:S–V–O > S–O–V 这一词序演变的主要路径就是复杂的连动式结构瓦解为一个简单句。

我不想参与有关汉语词序演变的争论，我想说明的是，"比"也曾在连动式"$V_1+O_1+V_2$（$+O_2$）"中充当过 V_1，并且也语法化为一个比较标记（介词）。

在六朝时期，比较标记"比"仍是一个义为"比较"的简单及物动词。例如：

(29) 王比使君。(《世说新语·品藻》)
(30) 王夷甫以王东海比乐令。(《世说新语·品藻》)

不过，在这个时期的文献里我们也可以看到不见于上古汉语后期的"X+比+Y+VP"格式。在这个格式里，第二个比较项之后出现一个 VP，这个 VP 用来表示被比较事物的性质和属性。例如：

(31) 周比臣有国士门风。(《世说新语·品藻》)
(32) 阿奴比丞相但有都长。(《世说新语·品藻》)

这种"X+比+Y+VP"格式最早出现在中古早期。它具有"$NPO+V_1+NP_1+V_2+NP_2$"这样的形式，其中 V_1 是"比较"义动词"比"，NPO 和 NP_1 是两个比较项。尽管其中的 VP_2 并不表示一个真正独立的动作而只是提供一个比较的结果,但这个结构式确实是一个连动式。它很可能是在当时业已存在的其他连动式的类推作用下产生的。

这里有一个问题需要思考:我们应该把这里的"比"看作动词呢,还是像现代汉语一样将它分析为介词呢? Mather 对例(31)的翻译表明,他认为"比"是个介词,因为他将"比"译为"比……更……":"周比臣有更多的国士门风"。事实上,上述问题很难用绝对令人信服的证据来回答。不过我觉得这儿的"比"很可能还是个动词,因为"V_1 比 $+O_1+V_2+O_2$"的例子在这个时期文献里还相当少见,而且这个格式中 V_2 的位置几乎都为动词"有"(义为"拥有")所占据。在 V_2 位置上我们找不到形容词,而由形容词充当 V_2 在现代汉语比较句中是非常普遍的。

事实上,《史记》(公元前 1 世纪)中有两个"V_1 比 $+O_1+V_2$"的例子,其中的 V_2 为形容词。例如:

(33)故其比诸将最亲。(《史记·樊哙列传》)
(34)比九世乱,於是诸侯莫朝。(《史记·殷本纪》)

但是,这类例子在当时罕见而又零散。在汉代文献里,我们通常很难见到动词"比"用于连动式。

只有到了唐代，大约8—9世纪（即中古晚期），"$V_1+O_1+V_2+O_2$"中V_2的位置才通常被谓语形容词所占据。例如：

（35）若比李三犹自胜。（白居易诗）
（36）官职比君虽较小。（白居易诗）
（37）色比琼浆犹嫩。（郎士元诗）

我们注意到，用于VP位置上的形容词总是被一个状语成分所修饰。

因为我们无法从结构上将这些中古晚期的例子与现代汉语中普通的比较句区别开来，所以我把"比"由"比较"义动词到"比……更……"义介词的语法化时间确定在中唐时期（8世纪左右），而并非如Li C. N. 和Thompson 所说的15世纪。

像（35）～（37）这类例子在唐代还不很常见，但宋元时期就越来越多，这个时期表"胜过程度"（superior degree）更常见的形式是"X+比+Y+VP"。例如：

（38）比李公等所述尤更详细。（《三朝北盟会编》，107）

(39)（这桥）比在前十分好。(《老乞大》)
(40)他和我近，我和他亲，你比他疏。(《元刊杂剧三十种·疏者下船》)

因此，我认为，Li C. N. 和 Thompson 的讨论在下述两个方面是正确的：一是他们提到动词"比"（"比较"义）经历了一个语法化过程，即动词"比"（"比较"义）在语义虚化之后演变为一个比较标记（表示"比……更……"的介词）；二是他们推断这个语法化过程发生在连动式之中。事实上，我们的确能发现下面的历时演变：

V_1 比 $+O_1+VP_2 >$ Prep. 比 $+O+VP$（VP 绝大多数是谓词性的形容词）

这种演变过程很自然地让人认为，现代汉语里"他比我高"这类句子中的比较标记"比"应该被分析为介词。不过可能也有人认为，这类"比"仍是动词，它从未语法化为介词；因为它仍保持着某些动词特性。但我更愿意把"比"的演变历史视为 Hopper 提出的"滞留"原则（他的第四个语法化原则）的佳例。Hopper 对"滞留"解释是：

滞留（persistence）：一个实义词演变为功能词以后，原来的实词义往往并未完全丧失，新出现的功能词多少还保留原来实义词的某些特征，这些残存的特征对功能词的用法会施加一定的制约。

无论如何，如果语法化确实发生了，那么这个语法化过程一定是发生在连动式结构之中。

3. 双宾结构

双宾结构是一种最容易让人提到词汇替换的结构式。有人认为，从上古汉语到现代汉语，双宾语结构的演变只是一种词汇替代的过程。

在上古汉语中，有四种基本的双宾结构：

（a）V + IO + DO（IO = 间接宾语，DO = 直接宾语）

（b）V + DO + Prep. 於 + IO

（c）Prep. 以 + DO + V（+ Prep. 於）+ IO

（d）V + DO + IO

在中古汉语晚期和近代汉语（到 18 世纪）里，有以下五种结构：

（e）V + IO + DO

（f）V + DO + Prep. 与 + IO

（g）V + Prep. 与 + IO + DO

（h）Prep. 与 + IO + V + DO

（i）Prep. 把（或将）+ DO + V（+ Prep. 与）+ IO

最后，在现代汉语中有以下五种基本结构：

（j）V + IO + DO

（k）V + DO + Prep. 给 + IO

（l）V + Prep. 给 + IO + DO

（m）Prep. 给 + IO + V + DO

（n）Prep. 把 + DO + V + Prep. 给 + IO

于是有人认为，从上古汉语到中古汉语以及从中古汉语到现代汉语，双宾结构发生了这样的演变：上古汉语的"V + DO + IO"格式到中古汉语业已消失；上古汉语的"於"＞中古汉语的"与"（词汇替换）；上古汉语的"以"＞中古汉语的"把/将"（词汇替换）；介词结构"与 + IO"在中古汉语时期移位到 V 和 DO 之间；同样的介词结构在中古汉语时期移位到动词之前；中古汉语的"与"＞现代汉语的"给"（词汇替换）。

我想说明的是，双宾结构并非以上述方式发生演变。事实上，双宾结构演变的情形相当复杂，不仅涉及简单的词汇替换，而且也包含明显的语法化过程。

早在前中古时期（或者汉代），双宾结构就发生过一些演变。西汉时期，除了在上古汉语中已被证实（attested）的四种形式之外，又发现了"$V_1+V_2+IO+DO$"这种新的结构。在这个格式中，能进入 V_1 位置的动词都是具有［+给予］语义特征的动词（如"提供""留给""卖""分配"等），而占据 V_2 位置的则是三个独特（distinct）的动词，即"与""予""遗"，其意义皆为"给"。因此，V_2 是中性的（neutral）"给予"义动词，而 V_1 则是特指的（specific）"给予"义动词（即以特定方式"给予"或带有特定目的性的"给予"）。因此，这个结构式在语义上是冗余的，因为 V_2 重复了已包含在 V_1 之中的"给予"义。这种情形正是 Traugott 所说的"信息强化"（strengthening of informativeness）。一般认为，"信息强化"通常发生在语法化的早期阶段。下面是"$V_1+V_2+IO+DO$"结构的例子：

（41）而厚分与其女财。(《史记·司马相如列传》)

（42）欲传与公。(《史记·扁鹊仓公列传》)

（43）分予文君僮百人。(《史记·司马相如列传》)

(44) 式辄复分予弟者数矣。(《史记·平准书》)
(45) 假予产业。(《史记·平准书》)
(46) 间献遗戎王。(《史记·货殖列传》)

这种"$V_1+V_2+IO+DO$"结构是突然在汉语中出现的。它无疑是由"$V+IO+DO$"发展而来的,因为这两种结构具有同样的制约,比如"$V_1+V_2+IO+DO$"格式中的 V_1 以及"$V+IO+DO$"格式中的 V 都只有具备 [+ 给予] 语义特征的动词才可以进入。

在几个世纪后的东汉时期,"$V_1+V_2+IO+DO$"结构得到广泛传播。在东汉的翻译佛经和赵岐的《孟子》注释中,可以发现很多例子。例如:

(47) 比丘即以蜜饼授与人。(《阿闍世王经·大正藏 626 号》,15 本,p.394)
(48) 以天下传与人尚为易也。(《孟子正义》,p.23)

在这个时期的"$V_1+V_2+IO+DO$"格式中,动词"与"几乎总是用作 V_2。而且在汉朝后期,所有 V_2 的词汇形式逐渐归并于"与"。这种"词汇归并"(lexical unification)过程可以通过《史记》(西汉)和《汉书》(东汉)中"$V_1+V_2+IO+DO$"格式的比较得到证实。

如果我们承认《汉书》晚于《史记》，那么我们就能得出这样的结论：这种词汇归并过程在东汉即已开始，比如上举例（43）～（45）（引自《史记》）在《汉书》中则变为：

(49) 分与文君僮百人。(《汉书·司马相如列传》)
(50) 式辄复分与弟者数矣。(《汉书·公孙弘卜式兒宽传》)
(51) 假与产业。(《汉书·货殖传》)

六朝时期，"$V_1+V_2+IO+DO$"变得普遍可见。例如：

(52) 时方给与姜维铠仗。(《三国志·魏志·锺会传》)
(53) 将一大牛肥盛有力卖与此城中人。(《生经·大正藏154号》，3本，p.98)

在这些例子中，"与"仍是一个"给予"义动词呢，还是一个引介间接宾语，(IO)的语法标记（类似于上古汉语"於"的介词）呢？我们是仍有两个动作（一个由 V_1 来表达，一个由 V_2 来表达）还是只有一个动作（由 V_1 表达）呢？这些问题不容易回答。不过，我认为"与"在六朝时期仍是动词,主要理由是 V_2 向"与"的词汇归并过程尚未完成,在当时的文献里我们仍可找到"遗"用作 V_2 的例子。

六朝时期发生的另一个重要变化是,一种新的双宾结构"V_1+DO+V_2+IO"得以产生。就像"$V_1+V_2+IO+DO$"格式一样,"V_1+DO+V_2+IO"格式中的 V_2 位置也由"与"或"遗"填充。例如:

(54)阮家既嫁丑女与卿。(《世说新语·贤媛》)
(55)时跋提国送狮子儿两头与乾陀罗王。(《洛阳伽蓝记·城北》)
(56)送一船米遗之。(《世说新语·方正》)

有人认为,"V_1+DO+ 与 $+IO$"源于上古汉语的"$V+DO+$ 於 $+IO$",也就是说,是通过由"於"到"与"的词汇替代产生的。不过,这个结论意味着"与"和"於"都是介词。我们有很好的证据认为"与"直到唐代仍是动词,因为在有些例句中"与"字后面还可以带上介词"於"。例如:

(57)二分留与於慈母。(变,p.756)

关于"V_1+DO+V_2+IO"的来源,我想提出另一种可能更为合理的假设,我认为"V_1+DO+V_2+IO"格式来源于"$V_1+V_2+IO+DO$",换言之,将"$V_1+V_2+IO+DO$"格式中的"V_2+IO"移到 DO 之后,即可得到"V_1+DO+V_2+IO"格式。这种演变很可能是受到了当时业已存在的连动式"$V_1+O_1+V_2+O_2$"的类推影响。胡竹安的意见与我相反,他提出这样的历时演变:"$V_1+DO+V_2+IO > V_1+V_2+IO+DO$"。但这种演变是不可能发生的,因为正如我已指出的,"$V_1+V_2+IO+DO$"格式的出现要比"V_1+DO+V_2+IO"格式早几个世纪。一个结构 A 历时地派生于另一个比它晚出的结构 B,这当然是不可能的。因此,我提出这样的历时演变过程:

$V_1+V_2+IO+DO > V_1+DO+V_2+IO$(大约在 4—5 世纪)

降至唐代,开始于东汉的由 V_2 向"与"的词汇归并过程业已完成,即:

$$V_1 + \begin{Bmatrix} V_2 \\ 与 \\ 予 \\ 遗 \end{Bmatrix} > V_1 + \begin{Bmatrix} V_2 \\ 与 \end{Bmatrix}$$

这样，V₂的位置就被唯一的动词"与"所占据。这个词汇归并过程发生的原因目前还不太清楚。不过，也许可以认为"与"本身是强行占据V₂位置的，因为"与"是一个最常用V₂位置的动词，同时也是一个使用最为频繁的"给予"义动词。因此，我们这儿又有一个可用来支持Hopper提出的"择一"（specialization）原则（他的第三个语法化原则）的佳例：

择一（specialization）：在一个特定的功能聚合体里，语义上具有某些细微差别的多种形式并存，当语法化过程发生时，经过竞争和淘汰最后只剩下语法化程度高的一两种形式，从而缩小了这个聚合体的选择可能性。

唐宋时期，"V₁+yu 与+IO+DO"和"V₁+DO+yu 与+IO"，这两个结构仍然广为使用。例如：

(58) 遂度与天使弓箭。（变，p.205）
(59) 说与他道。（《朱子语类11·读书法下》，p.304）
(60) 此说某不欲说与人。（《朱子语类114·训门人二》，p.4401）
(61) 意欲寄书与人。（变，p.137）

(62) 天使我送苽一双与汝来。（变，p.867）

如前所述，六朝时期"V+yu 与+IO+DO"和"V+DO+yu 与+IO"这两种结构仍是连动式，这主要是因为 V_2 的词汇归并过程尚未完成。入唐以后这一过程业已结束，这个时期的"与"不再是"给予"义动词，而应该是相当于英语"to"的与格介词。

因此我认为，导致"与"由"给予"义动词演变为与格标记的语法化过程发生在唐代的某个时期。这种历时演变是：

与 [+V] ＞与 [+Prep]（大约在 8 世纪）

要对这个语法化过程发生的时间做出精确的判断并不容易。我认为这个语法化过程不会发生在 7 世纪以前，因为那时词汇归并过程尚未完成。另一方面，要确定"与"的介词性质，我们只能依靠跟"与"共现的动词的语义性质。当这类动词是"说"类的言语动词时，"与"显然就不再是动词而已变为介词了。但在 7 世纪以前的文献里，我并没有发现"说+与+IO+DO"或"说+DO+与+IO"这类例子。同时我也认为这个语法化过程在 9 世纪之前业已完成，因为那时候出现了一种新的结构，即"yu 与 + IO + V + DO"。我们有理由相信，"与 + IO"向动词之前的移位一定是在这个短语变成介词结构之后，而且很可能是另外一些已位于动词之前的介词结构（如表处所的介词结构）类推影响的结果。

总之，双宾结构的演变历史为我们提供了另一个语法化实例，即一个动词在连动式结构中演变为一个介词。不过，双宾结构的演变历史与处置式和比较句略有不同，因为"将/把"和"比"是由连动式"$V_1 + O_1 + V_2 (+O_2)$"中 V_1 语法化为介词，而"与"则是由"$V_1 + V_2 + IO + DO$"和"$V_1 + DO + V_2 + IO$"格式中的 V_2 语法化为介词。

4. 体助词"了"的来源

体助词"了"的来源为由动词到助词的语法化过程提供了另一个实例。下面的讨论主要是基于梅祖麟、曹广顺、赵金铭等多位学者的研究。

正如梅祖麟所指出的，六朝时期产生了"$V_1 + O + V_2$"这种完成体句式，其中 V_2 是"结束""完成"义动词。我们目前还不知道这种新形式是如何产生的，但我们认为它是"语义 – 语用强化"（semantic-pragmatic strenthening）的另一实例。这种新结构的出现很可能是当时业已广泛使用的另一种连动式结构"V_1+O+V_2"的类推影响的结果。六朝时期直到唐代，在完成体句式"V_1+O+V_2"中用于 V_2 的动词有四个，即"毕""讫""已""竟"。例如：

（63）王饮酒毕……（《世说新语·方正》）
（64）俱乞食讫……（《增壹阿含经·大正藏 II》，p.637）
（65）佛说此经已……（《妙法莲华经·大正藏 IX》，p.2）
（66）［张季鹰］作数曲竟……（《世说新语·伤逝》）

应当注意的是，这种"V_1+O+V_2"结构只限于用作复句中的句首小句，它从不用于复句的句尾小句。这种完成体句式大约是在东汉时期出现的，因为在《史记》中没有发现这种句式，而在东汉的佛经文献中则出现过几次。

用于 V_2 的"毕""讫""已""竟"唐代仍然使用。它们明显是动词，因为它们可以接受副词修饰：

(67) 须达买园既毕……（变，p.372）

唐代，另一个完成动词"了"（义为"结束、完成"）也可以进入 V_2 的位置，而且"了"比完成动词"毕""讫""已""竟"的使用更为频繁。例如：

(68) 作此语了，遂即南行。（变，p.8）
(69) 子胥解梦了……（变，p.26）
(70) 拜舞既了……（变，p.205）

上面的例（70）中，"V_1+O"和"了"之间有一个副词，这说明这个"了"一定是动词。

在唐代尤其是中唐以后，"了"在 V_2 位置上占据明显的优势，并且逐渐取代了"毕、讫、已、竟"。"了"在 V_2 位置上重要性的逐渐提高导致"V_1+O+了"这一结构获得了自主性（autonomy），因此"V_1+O+了"既可以单独构成一个完整的句子，也可以用于复句的句尾小句。随之而来的是词汇归并过程的发生，这个过程与上面讨论的双宾结构中 V_2 的词汇归并性质完全相同。即：

$$\begin{Bmatrix} V \\ 毕 \\ 讫 \\ 已 \\ 竟 \\ 了 \end{Bmatrix} > \begin{Bmatrix} V \\ 了 \end{Bmatrix}$$

于是我们又得到一个语法化"择一"原则的新例证。我们注意到，类似的"择一"现象也见于印地语（Hindi）。印地语动词 *jaanaa*（"去"）在语法化为完成体助动词（perfective aspectual auxiliary）之前曾经历"矢量动词"（vector verb）阶段，从而跟另外六个矢量动词构成一个功能聚合体，后来 *jaanaa* 淘汰了其他矢量动词并进而语法化为完成体助动词。

词汇归并过程结束之后，紧接而来的是结构变化（change of structure）。即宾语移到第二动词之后：

$$V_1+O+V_2 \text{了} > V_1+V_2 \text{了}+O$$

根据王力和太田辰夫的研究，这一结构变化发生在魏晋南北朝时期，但梅祖麟则认为发生在唐代（大约在 10 世纪）。"V_1+V_2 了 +O"在《世说新语》中未见使用，在《敦煌变文集》（人民文学出版社，1957

年）中也只发现四例。例如：

(71) 说了夫人及大王。（变，p.774）
(72) 见了师兄便入来。（变，p.396）

而且，梅祖麟在《祖堂集》（刊于 1952 年）中也只找到"V_1+V_2 了 $+O$"的两个例子。

当"V_2 了"移到宾语之前以后，我们猜想动词"了"可能已丧失"结束、完成"等词汇意义，从而语法化为一个体助词，用来表示 V_1 这一动作的实现或完成。这个语法化过程的假设我们认为应该是正确的，证据是当"$V+$ 了 $+O$"结构产生之后，"了"字前面不再出现任何副词，而在"$V（+O）+$ 了"结构中"了"前则可以出现副词。

由此可见，发生了下面的历时演变：

$$\left\{\begin{array}{c} V \\ 了 \end{array}\right\} > \left\{\begin{array}{c} 体助词 \\ 了 \end{array}\right\}$$

这种演变很可能是由完成动词"了"的移位（"了"由宾语之后移到宾语之前）造成的。为了解释这种移位的动因，梅祖麟提到了一个类推过程，他认为"了"的前移是受述补结构的类推作用而发生的：

当时的述补结构有"V+O+R"和"V+R+O"两种不同的语序，述补结构中的结果补语 R 跟"了"的性质相类似，也是一个表达完成体（accomplished aspect）的动词。后来"V+O+R"格式中的 R 移到宾语之前，受此推类影响，"V+O+了"格式中的"了"也前移到动宾之间。

不过，我们也可以提出另一个类推过程。根据曹广顺的研究，唐代表达完成体还有另外一种格式，即"V+却+O"。在这个格式中"却"可能已变成了完成体标记。例如：

(73) 汉帝不忆李将军，楚王放却屈大夫。（李白诗）

这一格式在中唐以后已变得非常普遍，这样在当时的文献里完成体的表达就有了"V+O+了"和"V+却+O"这两种结构。因此我们可以推断，从"V+O+了"到"V+了+O"的语序变化也可能受到了"V+却+O"格式的类推影响。

纵观"了"的演变历史，我想着重强调的是，我们所观察到的又是一个语法化过程，这个语法化过程导致原来的完成动词变成了完成体标记。而且，这个语法化过程同样是发生在连动式里。

不过,"了"的语法化过程是在词序变化之前的"V+O+V₂了"连动式中发生的,还是在词序变化之后的"V₁+V₂了+O"连动式中发生的,目前还不太清楚。

相比较而言,我更倾向于认为上述语法化过程是发生在词序变化之后。尤其是,如果从"V+O+了"到"V+了+O"的语序变化确实是由"V–R–O"类推作用所推动的,那么我们更应该持如是观,因为"V–R–O"格式中的R是表结果的动词。另一方面,"V+却+O"格式的类推影响也可能对"了"的语法化过程起过作用,因为根据曹广顺,"V+却+O"中的"却"已经是一个完成体标记。

不过,无论实际情形如何,有一点是可以肯定的,那就是"了"的语法化过程确实是在连动结构中发生的。

5. 结论

本文讨论了汉语的四个语法化实例,这些实例表明语法化是汉语语法演变的主要机制。此外,类推在汉语语法演变中也起过作用,但类推并不是重新分析产生的根源,它最多只能决定语法演变采取何种形式,而语法化则是一种通常导致大量常用结构式不断产生的演变机制。在这种情况下，像Mithun和Campbell所主张的，外部借用可能是语法演变的重要原因，我认为是不可能的。我宁愿赞同Lightfoot的说法："借助外来影响来解释演变的原因，实际上是用来掩盖我们对历时演变真正动因的无知。"

本文讨论的由动词到介词或助词的语法化演变都是在连动式结构中发生的。这个假设在15年前就被提出而后受到各种批评。批评这个假设的学者认为，那些后来变为介词的动词原本并没有用于连动式。我们认为这个说法不一定正确。

这一误解的根源很可能是他们没有看到合适的资料，即中古汉语的白话文献。如果我们研究汉语的语法演变，就必须对这些白话文献特别关注，而不是那些中古汉语的文言作品，因为这些文言作品的语法面貌从公元前5世纪到公元19世纪并没有显著的变化。法国语言学家在研究法语语法演变时，也不会拿现代法语和拉丁文做比较。我所列举的四个语法化实例都发生在8到10世纪左右。我认为这些演变之间一定是互相联系的（inter related）。而且，我相信这种时间上的吻合并非偶然，我猜想在8—10世纪的中古汉语中一定发生过一次比较大的语法变化，从而导致汉语语法结构的重组（restructuration）。按照 Thom 的"突变理论"（catastrophy theory），这种演变应该是一种突然的变化（sudden mutation）。Thom 认为"一个系统的整体性演变（global evolution）是由一系列连续性的局部演变构成的，但这些连续性的局部演变常被某些具有不同性质的突然跳跃（sudden leaps）所隔断（seperated）"。

就像我们不了解语法化的原因一样，我们也不了解这种突然变化（mutation）的原因。不过像 Postal 那样的想法就未免太过于悲观了，他认为，"语言演变并没有多少原因可言，这正如今年给汽车装上饰品而明年又给撤下来，今年夹克上有三个扣子而明年又只有两个"。我们应该坚信，对事实的进一步了解会让我们从那些看似不确定的现象中找到深藏其中的决定因素（determinism），而且我们应该牢记爱因斯坦的一句名言："上帝从不掷骰子。"

注：贝罗贝，原文载于台湾《历史语言研究所集刊》，第五十九本，1991 年。

十二
语义演变理论与语义演变和句法演变研究

结构主义语言学盛行以来,句法的研究在语言研究中占据重要的地位;相对而言,语义(尤其是词义)则被视为一团泥沼。20世纪70年代,随着语法化研究的复兴,一些语言学家开始相信:语义演变也存在一定的规律。本文试图从汉语的实例出发,说明语义演变在一定范围内确实有迹可循,并简要地讨论语义演变与句法演变的关系。本文强调内部演变的规律性、重要性,认为这是演变的主流;把演变归之于外部因素,应该特别慎重。由于语义演变和语法化研究相关,本文也将涉及语法化的问题。

1. 语义演变与语法化

首先需要说明语法化和语义演变的关系。Haspelmath 等认为语法化不是一种理论，它不是一个由各种内在关联、可证伪的假设构成的一个明确清晰的系统。Traugott 甚至承认，语法化也不是一种独立现象，它是由语义演变、形态句法演变（有时也由语音演变）相互关联而产生的一个副产品。按照 Newmeyer 的图示：语法化是重新分析导致的句法降位（downgrading）、适当的语义演变以及语音简化这三种独立的历史演变的交集，语法化自身并不独立存在。

语法化和语义演变并不完全重合，这可以从两方面来说明：一方面，有语义演变不一定有语法化，实词内部的语义变化，与语法化无关。另一方面，有语法化不一定有语义演变。实词转化为功能词，这类语法化肯定伴随词汇义的弱化，即有语义的变化。但 Campbell 指出当一个功能词语法化为一个更虚的功能词，就不一定存在语义的变化，Hopper 和 Traugott 曾举过例子：英语的助动词 Will、would、have 变为附着形式 'll、'd、've，这里没有语义变化，但是由"助动词>附着形式（clitic）"是语法化。

如果语法化过程涉及语义演变，那么，语法化中的语义演变是怎样的情形呢？一种观点认为语法化导致一个自由成分的语义不断弱化，形式越来越缩减，位置越来越固定，并且越来越具有依附性。Lehmann、Heine 和 Reh 等的这种观点给人的印象是：语法化是不断磨蚀、缩减甚至最终归于零的过程。另一种观点认为在语法化的初期，由于语用推理（pragmatic inferencing），虽然概念义弱化，但语用义得到强化，因此总体来说，语义没有简化，而只是做了重新调整。而 Hopper 和 Traugott 认为在语法化的后期，可以有两种可能：一是语义丢失，比如实词发展为附着形式（clitic）或词缀，又比如汉语的结构助词"的、地、得"，当然不能说它们还有什么语用义。二是由于语用推理产生的语用义，继续存在甚至不断强化。比如话语标记的发展，Traugott 和 Dasher 在其相关文章中都有论述：

（1）VP 副词或副词性短语（verbal adverbial）＞
　　 句子副词（sentential adverb）＞话语标记
　　（discourse marker）

"VP副词或副词性短语"修饰动词,相当于斜格成分(oblique);"句子副词"是对命题内容进行评注,比如情态副词"显然、也许";话语标记并不是评注命题本身,而是评注下文与上文的关系。这种话语标记的演变过程,似乎与上述第一类的简化过程相反,很明显的一点是:这类成分的句法范域(scope)越变越大。

下面举副词"毕竟"的用法来说明。"毕竟"作句内副词的例子如:

(2) 众生毕竟总成佛,无以此法诱天子。(《变文·维摩诘经讲经文[四]》)

上例"毕竟"义为"到最后,最终"。作句子副词的例子如:

(3) 嫁取张状元,毕竟是有福有分。(宋代戏文《张协状元》,五十三出)
(4) 妙玉虽然洁净,毕竟尘缘未断。(《红楼梦》,八十七回)

例(3)"毕竟"表示推断,义为必然。例(4)不是表示推断,而是强调对话双方都知道的事实。这两种用法明显带有主观性。

句子副词和话语标记不易区分;"毕竟"是否有话语标记的用法,很难判定。但可以看出,"毕竟"在发展过程中,语义并没有减损而是增强。

2. 语义演变的方向性

"单向性"是语法化研究的中心问题。从实证来看,单向性虽然有反例,但又不可否认其存在。Newmeyer 列出了一些其认为是单向性的反例的例子,但同时也承认,语法化的实例至少十倍于去语法化(degrammaticlization)的例子。与语法化现象相关的语义演变,是否也存在一定的方向性呢?

Traugott 认为,指称自然或社会事物的体词,比如城市、笔、疾病,其指称对象随时代变化,这类指称性的意义变化难以从语言学上进行概括。但是,不考虑这类指称实物的意义,在其他的意义演变领域,语义演变确实存在一定的方向性。

比如从感知、言说到认知、心理。比如"看出"常常就指"知道",古汉语的"听命"及现代汉语的"听从、品味、被触动"等说法也显示了感知义同认知/心理义的联系。"说"有认为义（比如"依我说"）。比如由空间到时间。比如"来、去"在"来年、来世；去年、去岁"等词中表时间。比如由道义情态（deontic modality）到认识情态（epistemic modality）。如"宜、应、当、合、该"都由应当义发展出表示推测（盖然义）。"必、须、必须、得（děi）、索"等都由必要义发展出必然义。比如由时间到条件。如"时、后"由时间名词变为条件小句末的助词（江蓝生，2002年），更多例子参看 Hopper 和 Traugott（2003年）。比如由客观行为动词（event verb）到言语行为动词（speech act verb）到施为动词（performative verb）。即：event verb > speech act verb > performative verb。施为动词通常只表示说话人在发话时具有某种"言外之力"的言语行为，如"保证"通常是说话人的承诺，这和一般的言语行为动词如"告诉、声称、责备"不一样。关于"客观行为动词"到"言语行为动词"的演变，张雁有很好的例子，比如表示吩咐义的"嘱咐"是从托付义（把某人、某物委托给别人照料或把事情委托给别人办理）发展而来，"嘱"从"属"滋生出来，"咐"从"付"滋生出来；"嘱咐"流行之前，多用"付嘱（付属）"，后者流行于魏晋南北朝至唐宋，也由托付义引申出吩咐义。

注意以上例子不一定都涉及语法化，而且这里所说的有一定方向性演变趋势的"意义"，是时间、空间、条件、言说等宏观层面上的抽象的概念结构（conceptual structure），而不是一般的微观层面上的意义。

3. 语义演变的机制

Traugott 等特别强调语用在语义演变过程中的作用。事实上 Traugott 认为语义演变即源于语用推理：说话人创新、利用一个会话隐含义，促使转喻（metonymy）过程，因此，Traugott 和 Dasher 认为转喻是语义演变的主要机制。如果只注意演变的结果，那么语义演变如"空间＞时间""时间＞条件"自然像是隐喻（metaphor）；但是，如果考虑演变的过程和环境，那么，就会发现从语境中产生的"联想"（association）——即转喻——是演变的主要力量。隐喻的作用是在演变初始对推理进行限制，并且通常也是演变的结果。

语用推理这个转喻过程,常常又与"主观化(subjectification)"联系起来。请看下面的表述:"主观化是一个基于转喻的过程,说话人利用它来表述自己的观点、态度等。""主观化是迄今发现的很普遍、实际也是最具渗透力的语义演变类型。""主观化(包括互动主动化 intersubjectification)是语义演变的主要机制。"在 Traugott 对语义演变的阐述中,"语用推理""转喻化""主观化"三者可以画上约等于号:语用推理≈转喻化≈主观化,被视为语义演变的主要机制。

4. 语义演变中的语用推理

本节将用汉语的实例说明语用推理在语义演变中具体如何运作。我们发现相当一部分语义演变的特点是:新义 M_2 蕴涵(entail)源义 M_1,即 $M_2 \supset M_1$。

第一,在魏晋南北朝时期,经常可以看见"可"[许可]在对话中表示说话者的建议、请求等:

(5)有往来者云:"庾公有东下意。"或谓王公:

"可潜稍严,以备不虞。"(《世说新语·雅量》)[表建议]

(6) 温太真位未高时,屡与扬州、淮中估客樗蒲,与辄不竞。尝一过大输物,戏屈,无因得反。与庾亮善,于舫中大唤亮曰:"卿可赎我!"(《世说新语·任诞》)[表请求]

江蓝生已指出这种用法,她说:"'可'作'宜、应当'讲,表示祈请或规劝。"在本可以用"宜、应当"的场合,说话的人用语气弱的"可",使说话变得委婉了。

"宜、应当"从广义上说是表必要。一件事有必要做,则可以做;但可以做不意味着有必要做。因此:

(7) M_2[必要] $\supset$ M_1[许可]

这类语义演变,可同英语的"must(必须)"类比。据 Traugott 理解,现代英语的"must"在古英语中直接来源是"许可"义。如果人们说"你可以走了",在适当的语境中,这个"可以"其实隐含有"我要求你走、你必须走"的意思。正是由于有这一层语用推理,"must"由表许可转为表必要。否定形式则是相反的情形:不可以做则不必要做,但不必要做不蕴涵不可以做。因此：

（8）［不许可］⊃［不必要］

但语义的发展是：

（9）［不必要］＞［不许可］

下面以"不要"来说明这种语义的演变。"不要"一开始是表不必要，较早见于六朝。例如：

（10）今秋取讫，至来年更不须种，自旅生也。唯须锄之。如此，得四年不要种之，皆余根自出矣。（北魏·贾思勰《齐民要术·伐木》）［不必要］

用于禁止、表不许可的"不要"在唐五代开始常见（后合音为"别"）。例如：

（11）居士丈室染疾，使汝毗耶传语。速须排比，不要推延。（《变文·维摩诘经讲经文［四］》）

类似的发展还有"不须""不用"，限于篇幅不再举例。说话人为委婉起见，在表达禁止义的场合，也说不必怎么样。这一点，吕叔湘已经提到。吕先生说："近代的通例是在表示'必要'的词语上加'不'字，这当然比直接禁止要委婉些……可是'不要'一词用久了已经失去原义，干脆成了一个禁止词。"肯定和否定正好形成不对称的发展：

(12) M_1 [许可] ＞ M_2 [必要]
     M_2 [必要] ⊃ M_1 [许可]
(13) M_1 [不必要] ＞ M_2 [不许可]
     M_2 [不许可] ⊃ M_1 [不必要]

第二，再看"得"的例子。"得"先秦时期一般表[可能]，表[许可]出现较少，且只以否定义出现(否定句或反问句)。可以明显看出：[不可能] ＞ [不许可]。例如：

(14) 及入，求见。公辞焉以沐。谓仆人曰："沐则心覆，心覆则图反，宜吾不得见也……"(《左传》，僖公二十四年)[不可能]

(15) 殖之有罪，何辱命焉？若免于罪，犹有先人之敝庐在，下妾不得与郊吊。(《左传》，襄公二十三年)[不许可，否定句]

(15') 曰"同恤王室",子焉得辟之?(《左传》,昭公二十五年)[不许可,反问句]

"不许可"即禁止,不被允许做则不能够做到;反之则不然。因此:

(16) M_2 [不许可] ⊃ M_1 [不可能]

这里也存在使用委婉法的策略:说话人不说不可以做,而说不能够做到。肯定说法的[可能]和[许可]互相没有蕴涵(entailment)关系。"能够去"不一定就"被允许去",反之,"被允许去"不一定就"能够去"。这和上面谈到的[必要][许可]的关系不一样。从历史上看,"得"的肯定形式表[可能]先秦没有出现,在汉代才开始出现。例如:

(17) 高祖时诸侯皆赋,得自除内史以下,汉独为置丞相,黄金印。(《史记·五宗世家》)[诸侯可以自己任命内史以下的官吏,汉只为其任命丞相]

"得[许可]"用于否定先于"得[许可]"用于肯定,可以断定:"得"表许可,肯定用法是由否定用法类推而来。这个推断可以从"好""能"的发展得到证实。说话人为委婉起见,不说不许可怎么样,而说不好怎么样、不能够怎么样;"好""能"由此可以发展出许可义。但是,"好"表许可,一直只能依附于反问或否定形式,而不能以肯定形式出现。同样,"能"表许可,迄今也只能以反问或否定形式出现("你不能脚踏两只船。""你怎么能脚踏两只船?")。以上分析说明:

(18) M_1 [不可能] ＞ M_2 [不许可]
　　　　　　　　↓（类推）
　　　　　　　M_2 [许可]

第三,沈家煊说明:[不能实现]蕴涵[没实现],而"V 不 C"的发展是从表结果([没实现])发展为表不可能([不能实现]),即:

(19) M_2 [不能实现] ⊃ M_1 [没实现]

比如"幽鸟飞不远"(贾岛诗)是未飞远的意思,但是现代汉语的"飞不远"只表可能。以上提到的语义发展概括如下:

(20)

M_2［必要］$\supset M_1$［许可］。如"可",英语的 must。

M_2［不许可］$\supset M_1$［不必要］。如"不要""不须""不用"。

M_2［不许可］$\supset M_1$［不可能］。如"不得""不好""不能"。

（［许可］和［可能］互不蕴涵,"得［许可］"用于肯定是由否定用法类推而来。）

M_2［不能实现］$\supset M_1$［没实现］。如"V 不 C"。

以上的例子,都可以把 M_2 分解为 M_1+X,其中 X 代表一个上下文义成分,即：

(21) $M_2 = M_1 + X$

因为 $M_1+X \supset M_1$ 也是成立的。M_2 与 M_1 相比,是增加了 X 这个语用义说话人的祈请：［必要］=［许可］+［说话人的祈请］。

这里再举几个例子说明（21）。汉语史中,"以为"最早是非叙实（non-factive）的［认为］,后来转化为反叙实（contrafactive）的［以为］。即：

(22) M_1［认为］ > M_2［以为］

很明显，以为怎么样，也就是认为怎么样，但说话人判定其后命题（P）为假。即：

(23) ［以为 P］ = ［认为 P］ + ［说话人判定 P 为假］

另一个例子是"V 得 C"如何发展为表可能。沈家煊认为肯定形式"V 得 C"表可能是从"V 不 C"表可能类推而来。但是，"得""V 得""V 得 O""V 得 C"都在已然语境表实现，在未然语境表可能，说明是另外一个原因在起作用。比较下面两例：

(24) 意闻好直之士，家不处乱国，身不见污君。身今得见王，而家宅乎齐，意恶能直？（《吕氏春秋·贵直》）［已然］

　　子产相郑伯以如晋，叔向问郑国之政焉。对曰："吾得见与否，在此岁也……"（《左传》，襄公三十年）［未然］

第一例是已然语境，"得"义为"得以"，表实现；

第二例是未然语境,"得"仍然可以理解为"得以",当然也可能理解为[可能]。在这里,[可能],可以理解为"未然情况下的实现",这也是一种实现。因此,M_2[可能]=M_1[实现]+[未然]。

再比如 since 从联系时间小句发展为原因小句,源于"后于此故缘于此"(post hoc ergo propter hoc, after this therefore because of this)的错误推理。B 事件源于 A 事件,则 B 一定发生在 A 后;但 B 发生在 A 后,B 不一定就源于 A。即:

(25) B 缘于 A ⊃ B 后于 A

因此,M_2[原因]⊃M_1[时间],而 M_2[原因]= M_1[时间]+[说话人推断有因果关系]。"时间>让步"(while)、"时间>条件"(as/so long as)的发展与此相同。

理解了"新义 M_2 = 源义 M_1+X(说话人的主观性)",我们就很容易理解 Traugott 下面的观点:一、语义演变源于语用推理。因为 X 这个成分一开始是个上下文义;在特定的上下文里,理解为 M_1 固然不错,但说话人促使听话人把 M_1 理解为 M_2。二、语义演变是转喻在起作用；这个转喻过程，大多涉及主观化。三、这类有方向性的语义演变是语用原则中的"不过量原则"（Relation Principle）在起作用。因为说话人说 M_1 时，其真正用意是介词有［方式］［工具］［伴随］三种语义，比如英语的 with、法语的 avec。这三个语义的关系如下：

(26)［方式］⊃［工具］⊃［伴随］

因为方式是抽象的工具，但工具不能都视为方式；同样，工具肯定伴随于主体，但伴随者可以不是工具。这三种语义的发展关系如下：

(27)［伴随］＞［工具］＞［方式］

这类演变也属于上述 $M_2 ⊃ M_1$ 的演变，可是与"主观化"无关。再比如上文第 2 节提到"［托付］＞［吩咐］"。其实，吩咐也是一种托付，是言语上的托付。请看下例：

(28) 太子预见前事，遂唤夫人向前："今有事付嘱……"付嘱已讫，其太子便被四天门王齐

捧马足,逾城修道。(《变文·悉达太子修道因缘》)

上例明显显示[托付]与[吩咐]的关系。因此,M_2[吩咐]⊃M_1[托付],可是这个发展与说话人的主观性没有关系。附带说明一种比较奇特的演变:M_1附加语用义 X,变为 M_2 之后,原来的词汇义 M_1 反而消失,只剩下了 X。即:

(29) $M_1 > M_2 = M_1 + X > M_3 = X$

比如"敢"由于多用在反问句中,而带上了"岂敢"的意思,例如"周不爱鼎,郑敢爱田?"(《左传》,昭公十二年)后来,原来的词汇义"敢"消失,"敢"就可以等同于"岂"。比如:"齐人敢为俗,蜀物岂随身?"(何逊《赠族人秣陵兄弟》)"可"也经历了类似演变。由于常用在反问句而带上"岂可"义,后来,原来的词汇义"可"消失,"可"也可以就等同于"岂"。江蓝生、刘坚等对此有相关论述。

5. 语义演变方向性的局限

以上提到的这类语义演变，并不能概括所有的语义演变，而且语义演变的方向性也不是绝对的。下面分四点来说明。

第一，在第 2 节已经提到：指称实物的体词，其演变方向难以预料。比如体词的词义可以缩小，如"谷"古代指百谷。体词的词义也可以扩大，如"江"由指长江发展为江的总称，"河"由指黄河发展为河的总称。这与上面谈到的发展不一样。正如 Heine 等所说：语法词的发展是从具体到抽象的单向性的演变，而词汇词的发展则没有这一限制。

第二，并不是所有的演变都是"$M_2 \supset M_1$""$M_2 = M_1+X$（说话人的主观性）"。比如中古、近代汉语的"谓、呼、言、云、道"等言说类动词有"认为、以为"义。因为常理是：说什么，则认为什么，所以言说义可以引申为认为义。同样，"保、管、包、保管、管保、包管、保准、准保、保证"等词用如施为动词（performative verbs）时转化为必然义，比如"他保管去"可以意为"他一定去"，也是因为有"我保证他去则他一定去"这个常理;"想、怕、恐怕"等词转化为可能义,比如"他恐怕不行"意为"他可能不行",也是因为有"我恐怕他不行则他可能不行"这个常理。概括如下["＞＋"表示隐涵(implicate)]:

［言说］＞＋［认为］

［保证］＞＋［必然］

［猜想］＞＋［可能］

这里没有"$M_2 \supset M_1$"的关系,比如［认为］不蕴涵［言说］。这类发展也与主观化无关,"［言说］＞［认为］"与说话人的主观性无关,"维彼愚人,谓我宣骄"(《诗经·鸿雁》)理解为"那些愚人说我骄奢"或"那些愚人认为我骄奢"都不涉及说话人的观点或态度;"［保证］＞［必然］"和"［猜想］＞［可能］"在语义演变前后都涉及说话人,如"他保证去"源于"我保证他去","他恐怕不行"源于"我恐怕他不行",因此在演变前后主观性的程度是对等的。

有的语义演变也许根本就是隐喻而不是转喻。比如 Bybee 等认为英语的 should 由道义情态转变为认识情态是转喻,因为有一个渐变的过程;但是 must 由道义情态转变为认识情态是隐喻,因为找不到一个二义共存的中间阶段。当然"［必要］＞［必然］"通常也被认为是主观化。

第三，语义演变方向性的适用范围是有局限的。在明确 A、B 两义的情况下，可以判定是 A 发展为 B，还是 B 发展为 A。比如在［意志］和［将来］二义中，能够判定是［意志］＞［将来］，而一般不会是［将来］＞［意志］。但是在只知道一个意义的情况下，比如［意志］，最多只能大致知道它的来源和今后发展的范围，而无法保证具体的方向。比如［意志］可以来源于"规划"义（如"规"），"准备"义（如"拟"），"等待"义（如"待"），"约请、要求"义（如"要"），"思想"义（如"想"）；［意志］可以发展为［将来］，也可以发展为［条件］（"你要来，我就走"）。

第四，这种方向性不是绝对的。下面举几个例子。

一个例子是"即、就"，它们都有限定义。"即"表限定，如：

(30) 即此一个人死？诸人亦然？（《变文·太子成道经》）

限定义来源于"确认"义（比如"即是他、就是他"中的"即、就"）。同时我们推断，上古汉语表示限定的"惟（唯、维）"（比如"惟我与尔有是夫"，《论语·述而》）同样是从表确认（比如"厥土惟白壤"，《尚书·禹贡》）发展而来。英语的"exactly、precisely、just"，德语的"genau"都有"就、正、恰恰"的确认义，它们也有"只"的限定义。这也说明限定义与确认义的联系并非偶然。限定也是确认，是通过排除其他不符合条件的主体来确认符合条件的主体，但确认不一定都是限定。

反过来，我们也发现了表限定的"只"用作表确认的例子。比如："松下问童子，言师采药去。只在此山中，云深不知处。"（贾岛《寻隐者不遇》）"只在"表确认，义为"就在"。又如王锳举到下面"只"明显义为"就"的例子：

(31)（净）孩儿，看娘面送与他。（丑）我只是不去！（宋代戏文《张协状元》，十一出）
(32) 解元万福，只在媳妇家安歇。（同上，二十四出）

再一个例子是关于总括副词。一般来说，是总括副词发展为语气副词而不是相反，如"并""总"：

(33) 墙壁瓦砾，无情之物，并是古佛心。(《祖堂集》，卷三"慧忠国师")［总括］

(34) 生老病死相煎逼，积财千万总成空！(《变文·八相变［一］》)［总括］

(35) 其儿子在家时，并不曾语，又不曾过门前桥。(《祖堂集》，卷三"慧忠国师")［语气］

(36) 总无人时，和尚还说话也无？(《祖堂集》，卷八"云居和尚")［语气］

前两例表总括，后两例只能视为语气副词，义为"完全、根本"。但是，按照吴福祥、杨荣祥相关研究看，副词"都"最早出现于汉魏六朝，是以作语气副词为主。杨荣祥认为表总括是由这种用法演变而来。作语气副词如：

(37) 便索舆来奔，都不哭。(《世说新语·伤逝》)

作总括副词一直到唐五代都处于下风，例如：

(38) 佛是虚名，道亦妄立，二俱不实，都是假名。(《祖堂集》，卷三"司空山本净和尚")

另外的例子如刘丹青谈到的"伴随介词＞受益介

词"以及"受益介词＞伴随介词"这两类相反的演变过程。前者如"搭",后者如"帮"。这里不举例。还有江蓝生举到的"身体弱＞心理弱"以及"心理弱＞身体弱"这两类相反的演变过程。前者如"弱",后者如"怯"。限于篇幅不举例。

6. 语义演变方向性的作用

6.1 作为间接证据帮助构拟或进一步证实语义发展的路线

构拟语义的演变,可以根据同族语言的资料。比如梅祖麟根据上古汉语、藏文、缅文、西夏文等资料,论证"仁"在共同汉藏语的词义是[心脏],后来在汉语里词义从具体转为抽象,指孔子所说的"爱人"。而"心"在共同汉藏语的词义是[想,心思],"心"[心脏,心房]是在汉语里的后起义,在汉代才出现。

也可以根据语义自身发展的方向性从语言内部来构拟语义的发展。这里以"欲""将"为例来说明。"欲"最早见于西周金文,表示愿望,而不是意志(intention,即"想""要")。例如:

(39) 俗(欲)我弗作先王忧。(毛公鼎)

在今文《尚书》中，仍然有"欲"明显表示愿望的用法：

(40) 欲王以小民受天永命。《尚书·召诏》)

"欲"表示意志是后起的用法；在汉代，它又可以表示将来。"欲"的词义演变路线如下：

(41) 表愿望＞表意志＞表将来

先秦汉语的"将"经历了与"欲"同样的演变。"将"可以表愿望，但这种用法只保存在《诗经》中：

(42) 将伯助予。(《诗经·正月》)
(43) 将子无怒，秋以为期。(《诗经·氓》)

"将"虚化得很早，在《尚书》中就已用作表将来的副词，例如：

(44) 武王既丧，管叔及其群弟乃流言於国，曰："公将不利於孺子。"(《尚书·金滕》)

根据"欲"的发展，同时因为［将来］的一个直接来源是［意志］，我们推测："将"同样经历了"表愿望＞表意志＞表将来"的发展过程。虽然"将"的［愿望］义例证极少；而且因为［意志］义和［将来］义有时难以区分，也没有非常确凿的表［意志］的证据。我们推测这个过程在春秋战国之前已经完成，因此存留下来的"将"明显表愿望或表意志的动词用例比较少。

这里再举一例。有学者曾说明"偕同""带领""拌和""跟从"等义可以概括为［伴随］，这个意思可以发展为表伴随的介词进而并列连词，这个现象在汉语史上反复发生，如"及、与、共、同"（由动词义"偕同"虚化）、"将"（由动词义"带领、携带"虚化）、"和"（由动词义"拌和"虚化）、"跟"（由动词义"跟从"虚化）。

吴福祥还说明：

(45) 伴随结构前置于谓语动词，语法化过程为"伴随介词＞并列连词"。

　　伴随结构后置于谓语动词，语法化过程为"伴随介词＞工具介词＞方式介词"，如英语、法语等。

吴福祥没有提到上古汉语最常用的"以"。"以"的本义是动词"携带、带领",属[伴随]义,而且"以"在上古汉语广泛用作介词,介词词组可以在动词前,也可以在动词后。因此,可以推测,"以"有(45)中两条发展路线。这个推测在郭锡良、Djamouri 的相关文章中得到证实。举例如下(例句摘自郭锡良、Djamouri 的文章)。如"以"字结构在动词前:伴随介词＞并列连词(下面两例引自 Djamouri):

(46) 大以厥友守王鄉礼。(大鼎)[伴随介词]
(47) 走父以其子子孙孙宝用。(食仲走父盨)[并列连词]

"以"字结构在动词后:伴随介词＞工具介词＞方式介词。伴随介词词组后置于谓语动词似乎未见,但工具或方式介词词组可以后置:

(48) 夫子循循然善诱人,博我以文,约我以礼。(《论语·子罕》)[工具介词]
(49) 节用而爱人,使民以时。(《论语·学而》)[方式介词]

"以"字结构在动词前也可以由伴随介词发展为表工具或方式：

(50) 汝以我车宕伐㺇狁于高陵。(不其簋盖)[工具介词]
(51) 以直报怨，以德报德。(《论语·宪问》)[方式介词]（上面四例引自郭锡良）

6.2 首先关注演变的内在力量，而慎言外部力量的沾染或类推

关于语义自身的独立发展变化，清儒就已经注意到一条词义的演变路线可以反复出现；这种现象，许嘉璐称为"同步引申"，江蓝生称为"类同引申"。这就是本文所强调的有方向性的演变。

以前的研究也揭示了有些意义变化并非自身发展而来，而是由于外部因素的影响而产生的。这大致有两种情况：

一是因为甲词与乙词组合而"传染"上乙词或整个组合的词义。比如王力举的"颜色"的例子："'颜'字的本义是'眉目之间也'，'色'字的本义是

'眉目之间的表情',所以'颜色'二字常常连用。但那'色'字另一个意义是'色彩'。这'色彩'的意义是'颜'字本来没有的,只因'颜色'二字常常相连,'色'字也就把'色彩'的意义传染给'颜'了。于是'颜色'共有两个意义,其一是当'容色'讲,另一是当'色彩'讲。"

还有一个很好的例子是关于"厦屋":"'夏'由大义演变为大屋义。《诗·秦风·权舆》:'于我乎夏屋渠渠。'《毛传》:'夏,大也。''夏'字本身无屋义,后来受'屋'字影响,也变为大屋的意思了。后人加'广'作'厦',以别于华夏的'夏'。"王力举的这个例子可以是认为"夏(厦)"后来发展为代表双音词"厦屋"的整个意思。

一个词表示整个组合的意思,我们还可以举"非"的例子。据张谊生的文章,"非……方才/才"类句式中的表示强调肯定的"非"(如"非等几天才行"),是吸收了"非……不/莫"这个双重否定的意思。后者如:

(52)今欲举大事,将非其人不可。(《史记·项羽本纪》)

但是,也许表示强调肯定的"非"就是代表"除

非"。张谊生举到《醒世恒言》中的一例表强调肯定的"非":

(53) 那少年的，如闺女一般，深居简出，非细相熟的主顾，或是亲戚，方才得见。(《醒世恒言·赫大卿遗恨鸳鸯绦》)

而在《醒世恒言》中就有一些"除非……方/才":

(54) 这衙内果然风流俊雅。我若嫁得这般个丈夫，便心满意足了。只是怎好在爹爹面前启齿？除非他家来相求才好。(《醒世恒言·吴衙内邻舟赴约》)

唐五代的量词"个"同指示代词"这、此"组合时，"这、此"常常可以省略。比较：

(55) 此个狱中，有一青提夫人已否？(《变文·大目乾连冥间救母变文》)／人人皆道天年尽，无计留他这个人。(《变文·欢喜国王缘》)

(56) 阿你个罪人不可说。(《变文·大目乾连冥间救母变文》)

后一例中,可以为"个"表示整个组合的意思,义为"这个"。值得注意的是,义为"这个"的"个"可以失掉量词义,这时它变为指示代词。例如:

(57)个是谁家子,为人大被憎。(寒山诗)/若得个中意,纵横处处通。(寒山诗)

这两例"个"后没有 NP,不能再看作量词,它已经变为指示代词。

这个变化可以与上面提到的"敢、可"[参看(29)]有相似之处但不完全相同:

敢、可:动词"敢、可">"岂敢、岂可"(语用义)>疑问语气助词"岂"

个:量词"不">"这个"(组合义)>指示代词"这"

二是受外部因素的影响而产生意义变化,这种情况是蒋绍愚提到的"相因生义"。例如:"古代称僧人为'黑衣',称俗徒为'白衣'。僧人因穿黑衣,故称之为黑衣,这是好理解的。但俗徒并非全都穿白衣,为什么称为'白衣'?这是因为'黑'与'白'是一对表颜色的反义词,'黑衣'既可指僧,'白衣'也就受其影响,用来指'僧'的反义即'俗'了。""相因生义"的意思是:甲词和乙词有一个义项 A 相同或相反,而甲词还有另外一个义项 B,乙词受甲词的影响,也产生出了 B 义。蒋绍愚说:"由'相因生义'而产生的新义在全部词汇中所占的比例是很小的。"同样,我们相信第一类因组合影响而产生的新义也是很少见的现象。

张博把第一种情况称为"组合同化"。她举了"知道"的例子:"'知道'本是一个多义述宾结构,因'道'义的不同而有'通晓自然与人事规律'和'认识道路'二义。……后'道'受'知'同化而有了'知'义。张相《诗词曲语辞汇释》卷四:'道,犹知也,觉也。'南朝梁吴均《咏雪》:'零泪无人道,相思空何益。'唐李白《幽州胡马客歌》:'虽居燕支山,不道朔雪寒。'"上文第 5 节已提到"言说"引申为"以为、认为"(包括相关的"料想"义)是在汉语史上反复出现的演变路线。我们不妨假设"道"是由言说义引申为"知"义,与"知道"的组合无关。

蒋绍愚认为,"言"与"谓"都有言说义,而"谓"还有"以为"义,受"谓"影响,"言"也发展出"以为"义;这是"相因生义"的一个例子。其实我们不妨也假设"谓""言"由言说义发展为以为义都是独立的演变、互不影响。

7. 语义演变和句法演变

语法化必然有句法上的重新分析（reanalysis），但语法化不一定有语义演变（参看第 1 节）。"附着形式＞词缀"的发展，已没有什么语义演变，但是有重新分析。以上说的是有形态句法演变但没有语义演变。另一方面，语义演变也不必然导致形态句法的变化，比如动词词义的内部变化。

那么，在既有语义变化也有句法变化的实例中，是语义先变，还是句法先变？大致有两种观点：一是功能–类型学派认为语义的变化与形、态句法的变化同步，比如 Hopper 和 Traugott，甚至认为语义变化先于句法范畴的变化，比如 Heine 等。二是形式派认为形态句法的演变是自主的，独立于语义和语用，比如 Lightfoot。形态句法的演变可以先于语义演变。我们认为这两种可能都是存在的，这和 Newmeyer 的观点基本相同。

7.1 重新分析的例子

下面举"个"的例子进行分析。"个"从唐五代开始,除了发展为指示代词"这"的演变(6.2节),还有两种变化。

第一种变化是相当于"一个"的"个"从带NP发展为带VP。带NP的例如:

(58) 若道和尚是龙头蛇尾,也只是个瞎汉。(《祖堂集》,卷九"乌岩和尚")

带VP的例如:

(59) 将知尔行脚,驴年得个休歇么!(《景德传灯录》,卷十九"文偃禅师")

这类"个"的分析可以参看曹广顺、Wu Zoe、张谊生的相关文章。Wu Zoe把这类"个"统一分析为表无定的限定词(determiner)。

还有一种变化是变为后附的词缀。比如:

(60) 师云:"好个问头。"(《祖堂集》,卷十九"资福和尚")

(61) 十三娘云："早个对和尚了也。"(《祖堂集》，卷九"罗山和尚")

上两例中，"好个"还能够视为"好一个"，但"早个"修饰谓词性结构。

"个"不能还原为"一个"。由于有(61)一类例子，形容词、副词加上后缀"个"单独出现就不奇怪了：

(62) 问："如何是皮？"师云："分明个底。""如何是骨？"师云："绵密个。"(《祖堂集》，卷十"镜清和尚")[形容词+后缀]

比较"个"的这两种变化，可以发现：第一类变化，即相当于"一个"的"个"从带 NP 发展为 VP，这是一个扩展的过程，语义的泛化和句法范畴的转化同步。而且，不管重新分析前还是重新分析后，直接成分的边界并没有改变：

(63) 重新分析前：是 [$_{CIP}$ 个 [$_{NP}$ 瞎汉]]，同例 (58)
重新分析后：得 [$_{DP}$ 个 [$_{NP}$ 休歇]]，同例 (59)

而且，由数量成分变为限定词，这是正常的语义演变。英语的"one"、法语的"un"、德语的"ein"等，都变为不定冠词，也属于此类演变。但是，第二类变化，只有在"好 [cIP 个 [NP 问头]]"重新分析为"好个 [NP 问头]"之后，"个"才能发生语义的进一步虚化。也就是说，在第二类变化中，句法变化在前，语义变化在后。这种变化中的重新分析改变了直接成分的边界，与第一类不一样。而且，量词变为词缀，是一种特殊的语义演变。

我们推测：一、语义驱动的变化：句法演变与语义演变同步，语义演变有规律，句法上的重新分析不会改变直接成分的边界。这是正常的语法化过程。二、句法驱动的变化：句法演变先于语义演变，语义演变无规律，而且重新分析通常改变直接成分的边界。这个过程常常导致词汇化或不太正常的语法化。

关于第一类演变，比如"把"由握持义的动词变为介词，就是这样。关于"把"字重新分析后直接成分的边界以及句法层次未变，可以参看 Whitman 和 Paul 的相关文章。而且握持义动词变为介词，也是汉语史中一再出现的语义演变，如"以、取、持、将、把、捉"等。Hopper 和 Traugott 提到下面的重新分析：

(64) [[back] of the barn]"谷仓背部" > [back of [the barn]]"谷仓后面"

看起来改变了边界。实际上,正如 Haspdmath 指出的一样,这个重新分析并没有改变边界。无论重新分析前,还是重新分析后,句法的结构都是:

(65) [back [of the barn]]

"back"由名词变为相当于介词的"in back of"中的一部分,也是正常的词义演变。

再看句尾"好"重新分析为语气助词,参看江蓝生的相关文章:

(66) 重新分析前:[$_{TopP}$ [亦须著精神] [$_{vP}$ 好]]!(《祖堂集》,卷七"雪峰和尚")
重新分析后:[$_{CP}$ [$_{IP}$ 亦须著精神] [$_{C}$ 好]]!

重新分析前,"亦须著精神"可以整个视为一个话题(topic)成分,占据话题短语(TopP)的指定语(specifier)位置。重新分析后,"好"转换为语气助词,表达祈请语气,成为标句词(complementizer)。

可以看出，重新分析后，直接成分的边界并未改变。而且，"好"变为表达祈请语气的助词，同转换为表示仅止于此的句末语气助词"而已""罢了"一样，都有理据可循，是有规律的语义演变。

关于第二类演变，蒋绍愚举了很好的例子，比如"为"由动词变为疑问语气助词、"斯"由指示代词变为连词、"必"由表必然的副词变为假设连词，都是语法引起词义的变化。限于篇幅这里不具体说明。这里再举一个比较特别的例子，那就是"是"从指示代词变为系词。比如：

(67) 重新分析前：[$_{TopP}$ 富与贵，[$_{IP}$ 是 [人之所欲]]] 也（《论语·里仁》）

重新分析后：[$_{IP}$ 富与贵，是人之所欲] 也

重新分析前，"富与贵"可以分析为话题，占据话题短语（TopP）的指定语位置："是"是主语，占据IP的指定语位置。重新分析后，"富与贵"成为主语，"是"成为系词。关于这个演变，蒋绍愚认为是语法影响了词义的变化，复指代词"是"所处的语法位置正好可以重新分析为系词。

这个变化属于句法的重新分析带动的语义演变（第二类），可是直接成分的边界并未改变。另外，从跨语言的角度来看，主语位置上的指示代词转化为系词，不仅仅出现于汉语，也出现于其他语言。这方面研究可以参看相关文章。

7.2 表层句法变化的例子

上面 7.1 节所举的例子都涉及重新分析，表层的句法形式并未改变。这种重新分析，可能与语义演变同步（第一类），这是正常的语法化过程；也可能先于语义演变（第二类），这往往导致词汇化或不太正常的语法化。

句法演变也可以伴随表层形式的变化，这种表层形式的改变，如果涉及语义演变，理论上也有两种可能：一、它可能并不带动语义演变，语义演变与句法演变仍然是同步的；二、它可能带动、因而先于语义演变。第一种情况比如"保"的发展。先看下面两例：

(68) 吾今知仙之可得也，吾能休粮不食也。吾保流珠之可飞也，黄白之可求也。（晋·葛洪《抱朴子·对俗》）

（69）专使保无扰虑。（《祖堂集》，卷八"曹山和尚"）

（68）"保证"义很明显："我保证仙丹可以炼出来"（意译），（69）则一般理解为表示必然："专使您肯定没有忧心之事"。两例的表层结构不同：保证义出现于"说话人+保+子句"，必然义出现于子句主语提升为主句主语的提升结构（raising construction）"NP_i 保 $t_i VP$"。表面上看，似乎是句式的改变带动了"保证＞必然"的演变。可是实际上，从下例可以看出来，语义演变与重新分析仍然是同步的：

（70）瑜请得精兵三万人，进住夏口，保为将军破之。（《三国志·吴书·周瑜传》）

（70）与（68）（69）有一个不同点：主句主语与子句主语都是说话人"我"。此例既可以理解为"我（周瑜）保证为将军您把它（夏口）攻打下来"，这时子句主语是个空范畴，没有提升；也可以理解为"我必定为将军您把它攻打下来"，这时句子是个提升结构。实际上是（70）这类例子触发了"保证＞必然"的语义演变，与之同步的，是由非提升结构到提升结构的重新分析。（69）一类提升结构只是使必然义更加明显而已。

有没有第二种情况,即表层句法形式的变化带动语义变化?蒋绍愚认为"给予＞使役＞被动"的发展,即是"表层句式变化带动重新分析和语义变化"的过程,这个过程完全不同于"把""被"一类由语义驱动的语法化。蒋绍愚认为,在［给予］重新分析为［使役］或［使役］重新分析为［被动］之前,还必须有表层句法的变化。具体地说,给予句演变为使役句,必须首先从"甲＋给＋乙＋N＋(V)"发展为"甲＋V_1＋N＋给＋乙＋V_2",比如:

(71) 贾母忙拿出几个小杌子来,给赖大母亲等几个高年有体面的妈妈坐了。(《红楼梦》,四十三回)

(71)出现了和使役句的表层结构相同的部分"(甲)＋给＋乙＋V",这样之后,就可能进行重新分析,从而转化为使役句。使役句演变为被动句,必须是句首的施事不出现,而代之以受事,出现和被动句相同的表层结构"受事＋给＋乙＋V",才能进行重新分析,从而转化为被动句。如下例:

（72）千万别给老太太、太太知道。(《红楼梦》，
　　　五十二回)

这个观点可以进一步讨论。我们认为实际上这种情况并不是"表层形式带动了语义变化"。重新分析需要特定的句法格式，比如"把 NP_1NP_2"不可能重新分析为处置式，只有"把 NPVP"才有可能。同样，"给乙 NPVP"不能由给予重新分析为使役，"给乙 VP"则可能（例 71）；"施事＋给 NPVP"不能由使役重新分析为被动，"给 NPVP"则有可能（例 72）。"给予＞使役＞被动"的转化，可能就是一般的语义驱动句法上的重新分析的例子。张敏提到：其他语言也有"给予＞使役"或"给予＞使役＞被动"或"使役＞被动"的发展，比如泰语、韩语、扪达语、彝语、缅语、越南语、高棉语、拉祜语、瑶语、现代英语及中古英语、芬兰语等。如果汉语的这类发展是句法变化带动的，那么它应该是一类特殊的演变；因为别的语言不可能凑巧都有汉语这类带动"给予＞使役＞被动"的句法结构变化。"给予＞使役＞被动"的发展，仍然是以语义的演变而不是以句法的变化为基础。

综上所述，表层句法形式的改变并不能带动重新

分析和语义变化。实际上，因为重新分析总是需要在特定的句法环境中进行，在另外的句法环境中则不可能，所以容易造成"表面的句法形式需要变动才能引起重新分析和语义变化"的假象。相反，我们认为重新分析和语义变化发生之后，表面句法形式才可能进而发生变化。比如"VO了"需要在"了"语法化为附着形式（clitic）之后，才有可能变为"V了O"（见下文）。

8. 句法演变的内在规律性

同语义演变一样，我们认为考虑句法演变，首先应该考虑内在的规律性，而慎言外部因素的类推或借入。下面举两个例子来说明这一点。

汉语史中"VO了"到"V了O"的变化引人注目，梅祖麟指出这种结构变化有两个原因：一、动补结构是"V了O"格式的来源。动补结构有"VO+结果补语"[如"当打汝口破"（刘义庆《幽明录》）]，和"V+结果补语+O"[如"长绳百尺拽碑倒"（李商隐诗《韩碑》）]两种格式，后者产生于8世纪，这种结构积累二三百年，正好促成唐五代"V了O"的产生。二、"VO不得"和"VO了"两个句式里各成分之间的语义关系是平行的。最初，表示情态的"不得"和表示体貌的"了"都在宾语的后面，宋代以后"不得"往前挪了。"VO不得"变成"V不得O"，这也促使"VO了"变成"V了O"。

曹广顺提出：在"V了O"之前有一个"V+完成助词+O"的阶段，主要的完成助词有"却、将、得、取"等几个，它们原来都是动词，经过结果补语的阶段，演变为助词。这些表示完成的助词所表达的语义和完成貌句式相同，而其使用的格式，为完成貌助词"了"创造了一个位置，从而使"了"在唐五代前后，从动宾之后，移到了动宾之间。于是"V+O+了"变成了"V+了+O"。

前面我们谈到语义演变时，曾说明"相因生义"这种现象：甲词和乙词有一个义项A相同或相反，而甲词还有另外一个义项B，乙词受甲词的影响，也产生出了B义。现在梅先生、曹先生关于"VO了"这种结构变化的解释，与"相因生义"的解释相似：动补结构与"VO了"语法意义相关，因为动补结构有"VOC""VCO"两种结构，故受动补结构的影响，完成貌句式也由"VO了"进而产生出"V了O"。"VO不得"和"VO了"语义相关,"VO不得"变成"V不得O",受此影响,"VO了"变成"V了O"。"VO了"受"V+完成助词+O"的格式的影响变为"V了O"。

不过还有一种解释,那就是"VO了"到"V了O"是由于句尾的"了"语法化为附着形式(clitic),进而又选择动词作为依附对象而产生的,这种现象——即由附着于较大的形式发展为专门附着于动词——在附着形式的发展过程中很常见。Simpson Andrew和Zoe Wu曾举过两类这样的现象:一是"我是昨天买票的"一类句子在北方方言可以说成"我是昨天买的票"。二是"VO了"变为"V了O"。沈家煊还提到下面同样的现象:"VO不得"变为"V不得O","不得"形式弱化受动词吸引前移。"VO不C"变为"V不CO","不C"形式弱化受动词吸引前移。

第二个例子涉及比拟式。关于元代的比拟式,江蓝生认为有蒙古语的影响:"元代文献里用作比拟助词的'似'是生搬蒙古语比拟表达的词序而产生的新的语法成分。至于'也似'的'也'在蒙古语中没有与之相当的东西,无法从蒙古语角度进行解释。我们推测这种用法的'也'是汉语在借用蒙古语的比拟后置词时自己加进去的语助词，目的是便于把比拟助词'似'跟动词'似'从形式上区分开来。"其理由是："喻体＋比拟助词"作定语［如"紫玉似颜色"（《刘知远诸宫调》，十二则）］和状语［如"捣蒜也似阶前拜"（《元刊杂剧三十种·竹叶舟》）］，在元代之前很少见，但在元代激增。

这个观察非常细致，但仍有两个疑点。一是江蓝生已提到：唐宋之前，"喻体＋比拟助词"作修饰语已有个别例证，如"生佛一般礼拜"（《祖堂集》，卷十四"江西马祖"）、"烂冬瓜相似变将去"（《五灯会元》，卷七"玄沙师备禅师"）。二是从比拟助词"一般"的发展来看，"喻体＋比拟助词"的结构，完全可以从"比拟动词＋喻体＋比拟助词"［如例（73）（74）］省略掉前面的"比拟动词"发展而来，如（75）作定语，（76）作状语：

(73) 咱是的亲爹娘生长，似奴婢一般摧残。（《刘知远诸宫调》，十二则）

(74) 你肌骨似美人般软弱，与刀后怎生抡摩？（《董解元西厢记》，卷二）

(75) 花枝般媳妇，又被别人将了。（同上，卷八）

(76) 怎不教夫人珍珠儿破爱？（同上，卷三）
（例句引自谢仁友，2003）

9. 小结

本文重在说明语义演变有一定的方向性。这种有一定方向性的语义演变，大多是源于语用推理，跟主观化有关。语义演变的规律性，促使我们注意语义内部的独立演变，而慎言其他词语的沾染、类推。明显的例子是汉语史上"以、取、持、将、把、捉"等都发展为表示处置，可是都是独立发展，没有谁影响谁的问题。Croft 提到：西班牙语中的"中间语态"（middle voice）-se 标记和俄语中的中间语态标记 -sja 尽管同源，它们仍然是从各自的反身代词形式独立演变而来。

关于语义演变和句法演变的关系，大致有两种可能：语义演变驱动句法演变，重新分析不改变直接成分的边界；句法演变驱动语义演变，重新分析通常改变直接成分的边界。即使是单纯的句法演变，也有很强的规律性，可以一而再再而三地在一种语言中反复出现，比如"存在否定（'他没时间'）＞一般否定（'他没吃饭'）"的演变，以及英语、法语等发生过的否定的演化循环："否定＋动词＞否定＋动词＋否定＞动词＋否定"。在考虑句法演变时，同样应该重视内部演变的规律性，而慎言外部因素的类推或借入。

注：贝罗贝、李明；原文载沈阳、冯胜利主编：《当代语言学理论和汉语研究》，商务印书馆2008年版。

十三
汉语方位词的历时和类型学考察

1. 引言

汉语中有一类特殊的词语用来表示物体间的相对位置。它们形成一个封闭的类（或小类），有单音节和双音节两种形式。这就是"方位词"。方位词构成了一个与印欧语系显著不同的汉语空间表述系统。虽然如此，在汉语史中，不仅这些词的属性、功能、意义发生了变化，汉语方言和普通话中的方位词系统也有所区别。在本文中，我们将尝试梳理汉语发展不同时期

（上古汉语、中古汉语、现代汉语）方位词的大致演变过程，探讨它们在区别于普通话中的汉语方言中的用法和意义。

2. 处所词和方位词

为了认识汉语普通话中方位词的用法，我们有必要了解"处所词"这一概念。汉语中被赵元任称为"处所词"的一个特殊词类可定义如下："处所词是可充当动词或处所前置词、位移前置词的宾语的实词，包括动词'来''到'或前置词'从''往'等。"非处所词的实词一般不能占据这些位置。因此，在汉语里没有"到门去"这样的说法，但可以说"到中国去"或"到学校去"。因为"学校"或"中国"是处所词，而"门"不是。更准确地说，处所词可归类如下：

（i）地点名称或地理方位，如"中国"或"巴黎"。

（ii）有内在位置意义的名词即用作地点名称的名词，如"学校""饭馆"或"图书馆"。

（iii）有空间指示功能的双音节方位词，如"里头""东边""旁边"。

（iv）一般名词后接单音节方位词或双音节方位词，如"桌子上""房子背后"。

（v）指示方位的代词，如"这儿""那儿""哪儿"。

大多数情况下，如果涉及动词或者地点和动作的前置词，处所词也可以是其他动词的宾语而非局限于这些动词或前置词。比如：我看不见门背后。

用于表达物体间相对位置的方位词根据单音节、双音节的不同而具有不同的功能，它们组成一个封闭的类（或小类）。单音节方位词包括：上、下、前、后、里、外、左、右、东、西、南、北、中、间、旁、内。双音节方位词主要由单音节方位词加上后缀（边、面、头）或前缀（以、之）组成。

通常，单音节方位词位于一般名词之后从而形成处所词（见类 iv）。特别是方位词"上"和"里"，而对于其他方位词而言，这种组合在口语中的使用并不常见。这些方位词不能单独使用，除了文言文中的固定短语，如"上有天堂，下有苏杭"，以及前置词"往""向""朝"的宾语，如"往里走"中的"往""朝""向"。

那么方位词和处所词属于哪类词呢？就方位词而言，学界差不多每一种观点都曾提出过：形容词（马建忠），副词（吕叔湘、黎锦熙和刘世儒），名词性后缀（Cartier），与前置词共组成非连续性成分的后置词（Hagège 和 Peyraube），空间附属词或语助词（孙朝奋），甚至是代词（Rygaloff）。然而，这些词通常还是被认为是名词中的子类，因为似乎没有必要区分单音节方位词和双音节方位词。所以，双音节方位词不仅可以像单音节方位词一样与名词组合表述位置，还能单独作处所词使用，充当主语或宾语。

尽管如此，依然有人对处所词是名词的子类这一说法持有异议。他们认为，这类词是自足的词类，异于一般名词，它们不能被量词短语"数词＋量词"修饰，但相反能作前置词"在"或"到"的宾语，或具有与一般名词相同的副词功能。李崇兴和储泽祥就持有此观点，认为朱德熙在1982年发表的文章里就已经倾向于将处所词、时间词和方位词视为自足的词类。

本文赞同储泽祥的观点，认为方位词和处所词一样组成名词中的子类，但仍然是自足的。然而，这并不是此文核心议题，我们的主要目的是梳理出方位词历史演变的大致轮廓。

3. 从上古汉语（公元前 11 世纪）到中古汉语（公元 3 世纪）

3.1 上古汉语

上古汉语时期（公元前 1—2 世纪），方位词仅限于单音节形式而且使用也不如现代汉语频繁。主要原因就是它们无须跟在一般名词之后从而构成处所词。换句话说，古汉语中处所词和一般名词并没有本质的区别。这一时期的另一个特征是当处所词不是方位动词或动作动词的直接宾语时，必须由方位前置词（大多数时候是"于/於"）引入处所词。方位词早在前上古时期（公元前 14 到前 11 世纪）就已出现在甲骨文中。赵诚对这些方位词做过总结："东""西""南""北""中""左""右"。"上"和"下"也被证实存在于甲骨文中，但它们的意思分别是"天"和"地"，而非"上面"和"下面"。

在上古时期这七个方位词和表示"上面"和"下面"之意的"上""下"、"内""外"，后来的"前""后"，以及储泽祥认为在公元 4 世纪或 5 世纪出现的"里"同时使用。

除了极少的例外（如《墨子》中的"外面"），这些方位词大多为单音节的，而且和现代汉语相反，可单独使用来表示地点。所以，作为处所词，可充当主语、宾语甚至状语。一则像现代汉语中的双音节词一样被用作处所词［见例（1）～（4）］，二则接在名词后作方位词表示作位置词（或空间指示词）［见例（5）～（9）］。例如：

（1）瞻之在前，忽焉在后。（《论语·子罕》）
（2）周公居东二年。（《书经·金縢》）
（3）今拜乎上。（《论语·子罕》）
（4）晋侯在外十九年矣。（《左传·僖公二十八年》）
（5）王坐於堂上。（《孟子·梁惠王上》）
（6）王立於沼上。（《孟子·梁惠王上》）
（7）则是方四十里为阱於国中。（《孟子·梁惠王下》）
（8）孟孙立於房外。（《左传·定公六年》）
（9）射其左，越於车下，射其右，毙於车中。（《左传·成公二年》）

如果古汉语中的一般名词像现代汉语那样不一

定要后接方位词来构成处所词，那必须具备以下两个条件：(ⅰ)这些一般名词必须是表地点或移动动词的宾语［例(10)］，(ⅱ)它们必须由方位前置词引介，如"于/於"，比较不常见的有"乎""诸"甚至"之"(李崇兴认为"之"有时等同于"诸")［例(11)～(13)］。当然也有些例外，特别是当名词用作处所词充当主语［例(14)］或名词用于表方位和地点名称的情况［例(15)］。

(10) 不之尧之子而之舜。(《孟子·万章上》)
(11) 子张书诸绅。(《论语·卫灵公》)
(12) 妇人笑於房。(《左传·宣公十七年》)
(13) 公薨於车。(《左传·桓公十八年》)
(14) 涂有饿莩而不知发。(《孟子·梁惠王上》)
(15) 树吾墓檟。(《左传·哀公十一年》)

即使当处所词由"名词＋方位词"构成时，省去前置词"於"还是极少见的。一个特例如下：

(16) 韩厥执絷马前。(《左传·成公二年》)

只有当动词的宾语是第三人称代词或指示代词

"之"时,前置词"於"才似乎可省去。例如:

(17)子产使校人蓄之池。(《孟子·万章上》)

然而,李崇兴做出了这样的假设:例(17)中,我们可以假定名词"池"之前所省略的方位前置词"於"和句中的"之"融合成了"诸",即"诸"="之"+"於"。

3.2 前中古汉语

到了前中古汉语时期,也就是汉代(公元前206—前220年),处所词和方位词的特征有所改变,总结如下:

(i)一般名词不再像上古晚期那样用作处所词。例如,《史记》(公元前1世纪)中处所词由"一般名词+方位词"构成,方位词不可省去,见例(18)~(20)。

(ii)如果处所词不是表位地点或移位动词的宾语,则无须以方位前置词引入。见例(18)~(20)和例(22)~(23)。

(iii)虽然它们能表示物体的准确地点,然而方位词成为功能词。另外，前中古汉语的晚期双音节方位词已开始使用。如：

(18) 桓公与夫人蔡姬戏船中。(《史记·齐太公世家》)
(19) 孔子去曹适宋，与弟子习礼大树下。(《史记·孔子世家》)
(20) 出朝，则抱以适赵盾所。(《史记·晋世家》)

在最后一个例子中，人名赵盾前没有方位词，但用了一个名词来表达处所("所")，这就表明人名不再用作处所词，不像之前上古的用法［参见例（10）］。如果把《史记》中的这一例和《左传》(公元前5世纪)中的类似用例相比较，会发现很明显赵（盾）用作了处所词。

(21) 出朝，则抱以适赵氏。(《左传·文公七年》)
(22) 西与秦将杨雄战白马。(《史记·高祖本纪》)
(23) 杀义帝江南。(《史记·高祖本纪》)

当然还有别的情况，方位前置词"於"和跟在名词后的方位词同时出现的情况，如：

(24)种瓜于长安城东。(《史记·萧相国世家》)

然而李崇兴认为,《史记·高祖本纪》中有80个处所词前面没加方位前置词,只有14个有方位前置词。这毋庸置疑和上古汉语晚期有很大的变化。这种变化主要由普通名词和处所词的分化造成。因为处所词现在是由名词后接方位词组成,方位前置词不再是必需的了。

但这一时期方位词最重要的特征是第三点[见(iii)]也就是方位词逐渐转变为功能词使用,扮演重要的语法角色,主要的一个功能就是跟在名词后形成处所词。它们仍表示物体真实准确的位置,这被吕叔湘称为"定向性"(精准位置特性):"上""下""里""外""前""后""左"等。但有些方位词比如"中""间"还是不能描述精准的位置。举例如下:

(25)是时桓楚亡在泽中。(《史记·项羽本纪》)
(26)於空中作音乐。(《道行般若经·卷十》)
(27)不复还在世间。(《人本欲生经》)

前中古时期的另外一个重要的变化是双音节方位

词的出现。虽然出现的频率依然不高，但并不罕见，比如"上头"，就在郑笺（郑玄，127—200年）《诗经》注释中出现过几次。另外，公元2世纪的汉代晚期口语性汉译佛经也有一些，如：安世高译《长阿含十报法经》（《大藏经13》）中的"上头""后头"，康孟祥、竺大力译《修行本起经》（《大藏经184》）中的"左面"。

这些双音节方位词可单独充当主语或宾语，和现代汉语相同。例如：

(28) 上头有。（《长阿含十报法经》）

然而，双音节方位词不能用在名词之后。单音节方位词依然用在名词之后形成处所词。

4. 中古汉语（公元3世纪—13世纪）

六朝时期（公元220—581年），即中古汉语早期，仍有一般名词和单音节方位词组合构成处所词，和上古时期相同［参见例（29）～（31）］，但这类情况变得极少了。处所词通常既可以是地点名称，也可以是方位词、前置词和普通名词组合［例（33）～（36）］。

(29) 载王於车而杀之。(《世说新语·仇隙》)

(30) 上有万仞之高,下游不测之深。(《世说新语·德行》)

(31) 渊自督粮在后。(《三国志·夏侯渊传》)

(32) 太祖崩於洛阳。(《三国志·夏侯尚传》)

(33) 於本母前宴饮。(《世说新语·方正》)

(34) 在船中弹琴。(《世说新语·言语》)

(35) 王母夫人在壁后听之。(《世说新语·文学》)

(36) 可掷著门外。(《世说新语·方正》)

以上的例子都是单音节方位词。但还有一些"名词＋双音节方位词"组成处所词的情况。我们发现同时期的佛经译本比如《出曜经》中就有很多例子（约公元4世纪）：

(37) 鼠在瓶里头。(《出曜经·卷五》)

(38) 寻出门外头。(《出曜经·卷四》)

储泽祥认为出现频率最高的方位短语是"名词＋方位词"的组合。实际上他在《世说新语》中归纳出了199例"前置词＋无方位词的名词",114例"前置词＋方位词＋名词"和261例"名词＋方位词"。我们将其与《史记》比较就可以发现其中的历时变化。作为前中古汉语早期的代表性著作,我们检索出了1507例"前置词＋名词",219例"前置词＋名词＋方位词"和1126例"名词＋方位词"。

然而,在中古汉语早期,值得注意的是,一些方位词在逐步获得表达无差异方位功能上体现出毋庸置疑的潜力。早在前中古时期,一些方位词意义开始模糊化就表明了这一点[参见例(25)～(27)]。中古汉语早期时候这种趋势慢慢地增强。一些单音节方位词不再能描述"精确的位置"("定向性")而是"模糊的定位"("泛向性")。方位词的语法功能完全覆盖了其基础的语义值。这也是方位词语法化的第二高潮:名词＞定向性或精准的方位词＞泛向性或泛指的方位词。"上"和"中"的例子尤其突出,也包括"前""下""边""头"等。这个可以参考李崇兴的相关文章。举例如下:

(39)长文尚小,载著车中……文若亦小,坐著膝前。(《世说新语·德行》)

(40) 虽长大犹抱著膝上。(《世说新语·方正》)

例(39)和(40)表明早期中古汉语时期"前"和"上"可互换表示相同的泛指位置。

(41) 负米一斛,送著寺中。(《六度集经》卷四)

虽然"中"可以表示"里面","中间"甚至"之间"这样的精准位置,但是"中"常用作表示无差异特征的方位词。意为"里面""中间""之间"的例句如下:

(42) 口中含嚼,吐著掌中。(《百喻经·小儿争分别毛喻》)
(43) 时五百人中有一人最上智慧。(《生经一》)

所以,中古汉语后期的主要特征是差不多所有单音节方位词用来表达处所时都没有差异,也即模糊的位置,这一点后来就不太常见,至今如此。

王锳曾研究过《唐诗别裁》(唐代,618—907 年)中 1928 首唐诗中的方位词。王锳对下面的单音节方位词及出现进行了考察:"上"(319)、"下"(167)、"前"(178)、"后"(29)、"里"(122)、"内"(19)、

"外"(157)、"左"(6)、"右"(7)、"中"(423)、"间"(110)、"东"(116)、"南"(113)、"西"(133)、"北"(120)、"旁"(25)、"则"(6)、"边"(103)、"头"(96)、"底"(23)。

双音节方位词并不常见:"上头"出现过3次,"前头"3次,"中间"5次("中央"1次),"东边"1次("东面"1次,"东头"1次),"南边"1次("南面"1次,"南头"1次),"西边"1次("西头"3次),"旁则"1次,"则旁"1次。

单音节方位词用作以下几种情况:(i)在动词后用作副词;(ii)在前置词后组成位置性的 PP 以用作副词或补语;(iii)与名词结合成处所词。情况(iii)在唐代最常见,这也就解释了为什么 Ōta 称处所词为"后助名词"。简而言之,唐代末期的这种情况和今天的现代汉语没有太大的区别。

在王锳的研究中,令人惊奇的是,他发现如果不是一个模糊定义的方位,几乎所有单音节方位词能表达无明显特征的方位。他赞同语言学家俞樾在《曲园杂纂》中的观点。因此,方位词"东"有时意为"外","西"有时用作"内"。

事实上,比较不同版本的文本,会发现使用不同的方位词。在王梵志的诗中,我们看到:"前"用作"边","下"用作"内","上"代替"头","边"代替"中","头"代替"里","前"代替"边",甚至还有"上"代替"下","西"代替"东",也即有些方位词能被其反义词代替!

在下面的例子中,(44)"海南头"等于"海西头","林上"表示"林外","枥上"就是"枥下"。

(44) 节旄落尽海南头(西头)。(《全唐诗》,王维《陇头吟》)

(45) 林外(上)九江平。(《全唐诗》,王维《登辨觉寺》)

(46) 紫燕枥上(下)嘶。(《全唐诗》,李白《邺中赠王大》)

这种情况说明有些单音节方位词的含义因语法化而"漂白"(bleach),它们成为真正的功能标记,指示模糊的位置,并兼有所依附的名词转化成处所词的直接句法功能。

与此同时,单音节方位词的"定向性"仍然保留。王锳描述了当时最常用的两个方位词——"边"和

"外"：73个"边"表定向性，30个表达无明显特征方位的定位；108个"外"表定向性，49个表达无明显特征方位的定位。

Peyraube在讨论过Klein和Nüse文章中的一些模型后，对这些情况给出了以下的解释。他认为每个方位词都有核心意义，能准确地描述一个精确的位置。然而，这个意义可以通过由上下文制约引起的语义操作而改变。其他的解释也以此为依据。很显然，Klein和Nüse提出的"基本含义模式"在中古汉语时期并不适用。汉语方位词不可能通过在一般意义或基本义上增加某些特征来获取具体的、特定的解读。

然而"上""下""前""后"等的词汇义是很具体的，其典型的解读是"上""下""前""后"。在特定语境中的其他用法都源自它的重新解释。如果"被关系者参照物"的空间特征（背景或界标）（就"上"来说，例如"在……之上""与……接触"）和特定含义不一致，此时就需要重新解释，因为说话人对主题和参照物的概念化有所不同。这里的重新解释需要认知方面的工作。因为汉语方位词由"定向性"转为"泛向性"，所以原型模式这一分析最为恰当。

5. 方言中的方位词

在本文最后一部分中，我们将现代汉语方言有关空间句法和语义的共时变化发展历史的不同阶段联系起来，对历时关系不做讨论。从某种程度上来说，我们发现在一些现代汉语方言中某些方位词表达的无差异方位的反常现象。首先，官话中的方位词"上""下""里"常偏离其原型意义而表示模糊的定位。这通常视为方位词的派生义。先来看看官话中的例子：

（47）她在飞机上看书。
（48）他住在乡下。

所有语言都有这些派生的隐喻义。

联系我们先前讨论的中古汉语时期，陕西的华县方言（中原官话）中的"下"就有"上"的意思，如下面两例：

（49）把书放到桌子下。
（50）我住在楼下哩。

四川江津方言（西南官话）根据物体的类别、

外形和功能，用后置名词性方位词"高"来表示"里""上""关于""上面""顶上"。它可以表示：

(i) 物体的平面上面或表面，像桌子、座椅、沙发和床。

(ii) 容器内部或开口圆形物体的外部表面，像碗和浴盆。

(iii) 薄的物体的表面，像纸、布和床单。

(iv) 物体的顶部，像楼和山。

(v) 派生义，文章或报纸的内容和规模。

吴语中的上海方言与此类似，一个无差异的方位词"拉"能用于变普通名称为处所词，不同于用来把名词转变为处所词的指示代词。具体而言，"拉"在保留领属意义的同时，可将领属意义的名词转变为处所词。举例如下：

(51)
上海方言（吴）　　　　　官话
小毛拉父　　　　　　　　小毛家里的爸爸
eiɔ^{34} mɔ^{13}　lA^{53} vu^{13}
(名字) 方位词：所有格 父亲　(名字) 方位词：家庭 父亲
(意义：在小毛处的父亲)　(意义：小毛的父亲)

"拉"的用法和普通话中的"家里的"都用于表示家庭和亲属关系。用基于方位格结构的认识模式来表达所有格是众所周知的策略。和"拉"相比，上海方言中的指示词"伊面"，其功能接近于名词前的"那儿"和"那里"，就不能用来变所有格性的名词为方位性所有格：

(52)
上海方言（吴）　　　　　官话
老太婆拉儿子　　　　　　老太婆家里的儿子
lɔ¹³ t'a³⁴ bu¹³ lA⁵³ ŋi¹³ tsɨ
老太婆 方位词：所有格 儿子　　老太婆 处所词：所有格 儿子
(意义：老太婆的儿子)　　　(意义：老太婆的儿子)

上海方言（吴）
＊老太婆伊面儿子
＊lɔ¹³ t'a³⁴ bu¹³ i⁵³ mi¹³ ŋi¹³ tsɨ³⁴
＊老太婆 方位词 指示 儿子

"拉"不能跟在非所有格名词性短语中的普通名词后面，相反，"伊面"却可以：

(53)

上海方言（吴）	到台子伊面去
* 到台子拉去	tɔ³⁴ dɛ¹³ tsɬ³⁴ i⁵³ mi¹³ tɕ'y³⁴
*tɔ³⁴ dɛ¹³ tsɬ³⁴ lA⁵³ tɕ'y³⁴	到台子 + 方位词 +go
到台子 + 方位词 + 所有格 +go	（意义：到台子那里去）

"拉"这一特例与前面提到的前中古汉语时期，当人名表示"在某人处"的方位意义时需要采用后置名词性，两者意义等同。参见例（20）。

关于共时部分中的语法化和语义改变这一话题，我们接下来要考察广东南部惠州地区的客家方言（惠州地区，广东南部），其中很多都是双音节方位词。它们单独使用充当名词、副词或跟在中心名词之后。双音节方位词最早出现于前中古汉语时期，中古汉语晚期开始普遍使用（参见第四部分）。每种空间关系都有几个可选的形式，见例（54）。

(54)

Sin-on 客家（惠州地区，广东南部）

tang³ kau¹ 顶高	kyok⁶ ha¹ 脚下
šong⁴ kau¹ 上高	tai³ ha¹ 底下

men⁴ theu² 面头

nui⁴ tu³ 内肚　　　　　ngoi⁴ men⁴ 外面

sim¹ nui⁴ 心内　　　　 ngoi⁴ poi⁴ 外背

ti¹ poi⁴ 背

tu³ li¹ 肚里

tshai⁴ nui⁴ 在内（肚）

（tu³）

下面的例子显示双音节方位词可充当中心名词：

(55) 在脚下放紧

　　　tshoi¹ kyok⁶ ha¹ fong⁴ kin³

　　　（意义：放在下面）

它们也可直接充当动词的宾语：

(56) 去奈里去个里

　　　hi⁴ nai⁴ li¹？hi⁴ kai⁴ li¹

　　　（意义：去哪里？去那里）

这表明"名词+方位词"已成为优选的结构，正如前面所提到的，前中古汉语时期、中古汉语早期颇为盛行并沿用至今的一个类似的模式。下面的例子选自 Chappell 和 Lamarre，tshoi¹ 的使用是任意的，单音节方位词和双音节方位词都可前置使用。

(57)
(tshoi¹) tsok⁶ šong⁴　　　　（在）桌上
(OR：tsok⁶ shong⁴)
(tshoi¹) then¹ tang³　　　　（在）天顶
(tshoi¹) tshui⁴ kai⁴ hat⁶ ha¹　（在）罪个辖下
(tshoi¹) wuk⁶ poi⁴　　　　　（在）屋背
(tshoi¹) ho² pen¹　　　　　　（在）河边
(tshoi¹) fong² tu³ li¹　　　　（在）房肚里
(tshai⁴) mun² ngoi⁴　　　　　（在）门外

另一个有客家方言的空间指示词非常有趣的发现也与语法化和语义变化有关联。例如，"背"可和下面的附属词结合：

(58)
šong⁴ poi⁴ 上背　　　　　ti¹ poi⁴ 背
ha¹ poi⁴ 下背　　　　　 ngoi⁴ poi⁴ 外背
ha¹ poi⁴ kai⁴ 下背个

甚至"房顶"也能和此语素结合：nga³ poi⁴（tang³）瓦背，瓦背顶。

这表明语义演变的共同基本原则证实了我们在前中古汉语时期的客家语。"背"的核心意义是表示身体部位的具体名词，语法化为表示特定空间指示意义（通过隐喻表示"后面"）的功能词。之后，又发生了第二次一般化语义演变，意为"位置""边"。正如上述早期中古汉语的例子，这两种语义演变就可概括如下：

(i) 具有完全词汇意义的实词（身体部位）＞特定方位词（定向性）

(ii) 特定方位词（定向性）＞一般方位词（泛向性）

6. 结论

最后，我们通过以上的探究可得出如下结论。

古代汉语中作为处所词，方位词无须跟在一般名词和人名之后。但名词之后的处所词往往能表示准确且具体的定位（定向性）。当方位词不是方位性动词或动作动词的直接宾语时，处所词通常由方位性前置词引导。

从前中古汉语时期开始，当一般名词或人名和方位词组合时不再用前置词"於"引介处所词的情况越来越多。双音节方位词也在前中古汉语末期开始使用。

我们发现在中古汉语早期，一般名词用作处所词的情况渐渐变少，另外是一些单音节方位词开始表达未差异位置，即泛性的定位（泛向性）。在随后的中古汉语晚期，表达无差异位置的单音节方位词开始广泛使用，到唐朝影响到了几乎所有的方位词，最后则通常相互替换使用。

因此，我们认为汉语方位词的演变遵循了这样的一个方向：定向性＞泛向性。换言之，在重新解释的过程中，每个方位词原有的特殊且原型的意义逐渐转变为一般意义。Peyraube详细论述了这一过程，并认为是原型模式，而不是基本含义模式，可用于解释方位词语义演变的过程。最后，我们发现，在现代汉语方言的句法演变和语义演变中存在着类似的过程，这也是值得学者关注并进一步研究的领域。

注：贝罗贝、曹茜蕾，原文载《语言学论丛》，2014年第2辑。

十四
近代早期闽南话分析型致使结构的历史探讨

本研究的主要目的是考察近代早期闽南方言中分析型致使结构（analytic causative constructions）的历史发展，并在此基础上探讨汉语致使结构的语法化过程，以及中古汉语与闽南方言之间的历史关系。

在 16 世纪和 17 世纪的早期近代闽南方言中有三个主要的致使结构，都是由实义动词语法化成为连动结构中的 V_1 而形成的分析型致使结构：

$NP_{肇事者} V_{1致使动词} + NP_{被肇事者} + V_2$（$+NP\cdots$）

这三个处于 V_1 位置的致使动词是：(ⅰ)乞［khit⁴］①，(ⅱ)使［su²］，(ⅲ)赐［su³］。

其中，"使"和"乞"，无论在上古、中古还是近代汉语里，都用于致使结构，另一个致使动词"赐"却独树一帜。本文要探讨的问题之一就是何以动词"赐"在用作致使义时与其他的致使动词不同。

1. 本文所用的主要文献

我们选取了五部 16 世纪到 17 世纪早期的具有代表性的近代闽南方言文献，作为典型文献加以分析。②这些早期文献中的前四部都是由在菲律宾的多明我会（Dominican）和耶稣会（Jesuit）传教士编辑整理的，只有第五部是来自中国本土。下面对这五部文献做简要说明。

---

① 本文采用闽南话研究中通用的教会拉丁注音，包括对《荔镜记》的注音。数字标注调类：1 阴平，2 阴上，3 阴去，4 阴入，5 阳平，6 阳上，7 阳去，8 阳入。在引用来自菲律宾的文献时，采用原文中的西班牙拉丁注音，不标声调。

② 本文采用下列汉语历史分期：上古汉语时期：公元前 5 世纪至公元前 2 世纪；中古前时期：公元前 2 世纪至公元 2 世纪；中古时期：公元 2 世纪至 15 世纪；近代：15 世纪至 18 世纪。

第一部文献是收藏在梵蒂冈图书馆的 *Doctrina Christiana en letra y lengua china*（约 1607 年。以下简称由西班牙文翻译为闽南方言的译本，木刻版印刷，据说是由多明我会教士 Juan Cobo 和 Miguel Benavides 与一些不知名的中国助手合作翻译的。我们采用的是由 Van der Loon 整理的有汉字和拉丁文对照的版本。

第二部是于 1620 年出版的 *Arte de la lengua Chid Chiu*（Chio Chiu 话语法）。这部文献是本文作者之一贝罗贝在巴塞罗那（Barcelona）大学图书馆发现的，其手书的标题为 Gramatica China。此书作者是 Melchior de Mangano 神父，他编写这部书的目的是供 Rajmundo Feijoo 神父使用。不列颠图书馆收藏的早期闽南话手写文稿中也有一部 *Arte de la lengua Chio Chiu*，但版本比巴塞罗那大学图书馆的收藏本晚，而且不完整。巴塞罗那大学图书馆还有 *Doctrina* 的几种拉丁文本。

第三部 *Bocabulario de la lengua sangleya*（Sangley 语词典）是在 1617 年左右编写的，现藏于不列颠图书馆，是该馆收藏的几部早期闽南话手写文稿之一。

第四部 *Dictionarium Sino-Hispanicum*（1604 年）是由耶稣会教士 Pedro Chirino 神父在菲律宾的宿务岛（Cebu）编写的。

第五部《荔镜记》(1566,1581年),是明代一个用泉州话夹杂着潮州话(皆属闽南话)写成的剧本。本文的例子引自日本田力大学藏的版本,细节可参看 Lien Chinfa(连金发)的相关文章。

本文的例句主要出自 *Doctrina* 和《荔镜记》。

2. "致使结构"的历史简述

在进入正题之前,我们首先简略地介绍上古汉语和中古汉语中致使结构的发展。

2.1 无标志的致使结构(零派生)

在上古汉语时期,普通动词、形容词,甚至名词,都可用作致使动词,而无须任何形态标志。

(1) 故远人不服,则修文德以来之。(《论语》)
(2) 学焉而后臣之。(《孟子》)
(3) 常欲死之。(《汉书》)

上古汉语可能也有 *s 词缀组成的有形态标志的致使动词。

实义动词	致使动词
食* m-lɨk > zyik	伺* s-ɨk-s > ziH
登* tɨŋ > toŋ	增* s-ɨŋ > tsoŋ

2.2 分析型致使结构

一、上古汉语 在上古汉语时期，有一些动词可以构成分析型致使结构，其中最常见的是"使"和"令"，另外还有使用较少的"遗"。"使"和"令"的这种用法延续至今。

（4）使周游于四方。(《国语》)

二、中古前期 业经证明，在中古前期，表"教导"义的实义动词"教"开始成为一个新的致使动词。在王充的《论衡》(137—192 年) 中可以找到一些用例。大约在公元 6 世纪初，"交"开始取代"教"，到了现代汉语"叫"又取代了"交"。

（5）此教我先威众耳。(《史记》)

三、中古汉语后期和近代汉语　在中古后期和近代汉语里,"教"("交""叫")还是很常用的。

(6) 又教弟坐。(《祖堂集》)

四、早期近代汉语　另有几个其他的动词有时也用作致使动词,如"与""要""著""乞":

(7) 我著孩子们做与你吃。(《老乞大读解》)
(8) 乞我慌了,推门推不开。(《金瓶梅》)

五、晚期近代汉语　最后"让"和"给"在近代汉语期间开始用作致使动词。

(9) 众人让他坐吃茶。(《金瓶梅》)
(10) 千万别给老太太、太太知道。(《红楼梦》)

我们注意到,大多数致使动词也发展成了被动语态的标志,如"与""乞""吃""叫(或教)"和"让"。其中有些动词也语法化为与格标志,特别是具有给予义的"与""给"和"乞"三词。经证实,在不同的语言里,授予动词、致使动词和与格介词之间存在着密切的联系。

3. 早期闽南方言中的致使动结构

在这里,我们先简略地说明"乞"和"使"的用法,然后讨论致使动词"赐"的独特用法。

3.1 乞 [khit⁴]

乞的本意为"乞讨""请求";到了汉朝初期,"乞"有了"给"的意思。

(11) 乞我一只钱。(《五灯会元》,2)

表1 "乞"的结构形式

类 型	结 构	Doctrina	《荔镜记》	合计
1 实义动词"乞求"	动词+直接宾语	3	7	10
2 与格介词"为"	动词–"乞"–间接宾语–直接宾语 动词–直接宾语–"乞"–间接宾语	11	18	29
3 致使动词"让" 连动词结构里的 V_1	"乞"–NP 肇事者–VP	3	29	32
4 致使连词"以便"	从句₁"乞"从句₂	2	12	14
5 被动标志	NP受事–"乞"–NP施事–VP	3	14	17
合计		22	80	102

在 Doctrina 中，独立使用的"乞"共有 22 例，用于多种功能。此外，另有 8 例是和"赐"一起合用，构成复合动词"赐乞"。在《荔镜记》中，"乞"的用例多达 223 个。Lien Chinfa 在他的文章中曾选取了其中 80 例。我们以这两部文献为典型加以分析，发现在这两部文献的 102 例中，具有致使功能的数量最多（32 例），具有与格功能的数量位居第二（29 例）。另外，值得注意的是"乞"还可以用作被动标志（17 例）。这表明"乞"的语法功能已发展到了相当成熟的阶段。

一、实义动词"乞求"（"-"表示原文无罗马注音）

（12）乞　赦　人　罪
　　　kiet① sia — —（Doctrina，170）
　　　（耶稣然后祈祷天父）求你赦免世人的罪。

二、与格介词：NP$_{施事}$－动词－NP$_{受事}$－"乞"－NP$_{间接宾语}$

（13）你　拢　落　荔　枝　乞　阮　为　记。
　　　li² tan³ hoh⁸ nai⁷-chi¹ khit⁴ gun² ui⁵ ki³

---

① 西班牙的传教士们给实义动词"乞"的拉丁注音是 kiet．而给虚词"乞"的拉丁注音是 kir。

你扔荔枝给我，是以此表达爱慕之意。(《荔镜记》26.353)

三、致使动词：NP_肇事者 –"乞"– NP_被肇事者 –VP

(14) 先　七　件　乞　人　识　僚氏　根　因。
　　　seng chit kia kir lang bar Diosi kin yn
　　前七件事是让人们知道神是万物之源。(*Doctrina*, 148)

(15) 无　乞　伊　磨。
　　　bo⁵ khit⁴ i¹ boa⁵
　　别让他擦（镜子）。(《荔镜记》19.061)

(16) 旦：不　通　乞　哑　公　哑　妈　知。
　　　　　m⁷ thang¹ khit⁴ A¹-kong¹ A¹-ma¹ chai¹
　　你一定不能让爷爷奶奶知道。(《荔镜记》15.120)

在《荔镜记》里，有 29 个"乞"用作致使动词表示"让"的用例（Lien 2002）。致使结构中的 V_2 可以是不及物动词，也可以是及物动词，可用于 V_2 的动词很多，比如"去""行""返""过""睏""坐""说""买"等。

四、被动标志：NP_{受事}-"乞"-NP_{施事}-VP

(17)
乞　本　事　卑劳厨。枉　法　钉死　在　居律　上。
kir Pun su　Pilato　ong huar teng-si tu Culut chio
被彼拉多枉法钉死在十字架上。（*Doctrina*，146）

我们的结论是"乞"有两种主要的语法化途径：

（i）实义动词"乞"＞与格介词，相当于"给""对"。

（ii）实义动词"乞"＞致使动词，相当于"让、允许"＞引入施事的被动标志。

"乞"用于致使结构和与格结构出现于中古汉语的末期和近代汉语早期，在普通话中已不再使用，但仍保留在许多闽方言中，如泉州、福州、东山、潮阳、汕头和遂溪。

3.2 使 [su²]

致使动词"使"在近代闽南话中有两个读音：[su²]（文读）和 [sai²]（白读）。这个动词在 *Doctrina* 中有 11 个用例，在拉丁对照中，所有用例的发音都标为 su。这个动词没有产生被动功能，也没有与格功能，但是产生了两种致使结构：有意的（intentional）和无意的（unintentional）致使结构。

一、有意的"使"致使结构：NP_{肇事者}－"使"－NP_{被肇事者}－VP

（18）
与 之 竹 杖。执 他 手 使 自 打 他。
u chi tec tiang chip ta siu su ta chu tha
（他们）给他一根竹杖并握住他的手，使他打自己。（*Doctrina*，172）

（19）
阮 昨 暮 日 使 益 春 来 共 你 说。
gun^2 cha^7 boo^7 jit^8 sai^2 Iah^4 Chhun^1 lai^5 kang^7 li^2 soeh^4
我昨天让益春告诉你。（《荔镜记》14.8）

二、无意的"使"致使结构：NP_{肇事者}－"使"－NP_{被肇事者}－VP_{状态}

（20）使 之 大 家 欢 喜……
　　　su chi tay ke hua hi
　　使每个人都开心。（*Doctrina*，176）

表 2　出现在"使"致使结构中的动词（共 11 例）

及物动词	不及物动词	助动词	状态动词
负［hu］ 打［ta］	至［chi］ 来［lai］ 回来［hue lai］ 升［seng］	能［leng］×2	受烦恼…… 欢喜［hua hi］×2

我们认为"使"有一个单一的语法化途径：实义动词"使"＞致使动词"使"。包含：

（a）有意的致使结构，其中 V_2= 及物或不及物动词；

（b）无意的致使结构，其中 V_2= 状态动词或形容词。

"使"是上古汉语中一个分析型致使结构的延续，在现代台湾闽南方言中已不再使用，但在其他某些闽南方言中仍在使用。"使"也用于普通话，特别是在书面语中，构成无意致使结构。有趣的是，它在《荔镜记》中却表现了很强的构词能力（productivity）。

3.3　赐

在 *Doctrina* 中，动词"赐"［su^2］作为致使动词使用的例子很多。在总计 32 个用例中，只有 12 例仍用作实义动词"赐"表示"恩赐"的意思。其他20例则表明"赐"已发展为具有致使意义的动词,其中9例是复合动词:V_1为"赐",V_2为"乞"或者"与"。

然而,像"赐"这样大量地用作致使动词,似乎只是特例。在其他文献中,这样的用法非常罕见。比如在《荔镜记》中"赐"只用作实义动词,如:

(21) 敕　　赐　　剑　　印　　随　　身。
　　　thek⁴　su³　kiam³　in³　sui⁵　sin¹
　　　随身带着皇帝赐给的剑和印。(《荔镜记》2.21)

在 *Doctrina* 中,实义动词"赐"用于下面两种基本结构中:

a. NP 主语 – "赐" – NP 间接宾语 – NP 直接宾语

(22) 赐　汝　大　福。
　　　su　lu　tay　hoc
　　　赐给你大福。(*Doctrina*,181)

b. NP 主语 – "赐" – NP 直接宾语 – 乞(与) – NP 间接宾语

(23) 僚氏　　赐　福　乞　你。
　　　Diosi　su　hoc　kir　lu
　　　神赐福给你。(*Doctrina*,145)

而"赐"作为致使动词则是用于连动结构中:NP肇事者-"赐"-NP被肇事者-VP

(24) 汝　赐　有　关　心　念　经。
　　 su gua u guan sim liam keng
你赐我以虔诚的心读经。(*Doctrina*,171)

表 3 *Doctrina* 中的"赐"致使结构中动词的种类 (共 17 例)

及物动词	不及物动词	能愿动词	状态动词
念经[liam keng] 忆着[it tioc] 求[kiu]×2	来[lai]×2	能[leng]×4 要[ai]	欢喜[hua hi] 清洁[cheng kiet]×2 不要[may]×2 有呀胜舍[u galacia]

以下两例是"赐"的致使用法:

(25) 汝　赐　我　不　要　只　世　上　假　欢　喜。
　　 lu su gua m ay chi si chio ke hua hi
你使我不再追求世上虚枉的事。(*Doctrina*,172)

(26) 我　今　求　汝，汝　赐　与　我　神　魂　清　洁。
　　 gua ta kiu lu   lu su — gua sin hun cheng kiet
我现在求你使我灵魂洁净。(*Doctrina*,168)

与其他两个致使动词不同,"赐"也可构成复合动词作为 V_1–V_2 结构中的 V_1。

表 4

实义动词	总数	致使动词	总数	合计
赐	6	赐	17	23
赐乞,赐与	6	赐乞	3	9
合计	12		20	32

举例如下:NP$_{肇事者}$ – "赐乞" – NP$_{间接宾语}$（–NP$_{直接宾语}$）

(27) 求 僚氏 保 庇 生 人。赐 乞 伊 呀 胜舍。
kiu Diosi po pi se lang su kir y galacia
求神保佑。赐福给世人。(*Doctrina*, 156)

我们认为"赐"不管是作为单音节动词还是见于复合动词,都只有一种语法化途径,即:

实义动词"赐" ＞ 致使动词

在连动式结构 V_1—V_2 里的实义动词"赐乞"或"赐与"也演变成了致使动词。

此外,值得注意的是,在文献中,"赐"没有"乞"用作与格介词或被动标志的功能。而正如前面所提到的,"乞"和"使"都不能构成 V_1—V_2 形式的致使结构。

可能会有人提出,"赐"是否就是闽方言中"使"的另一种写法(比如近音替代字),而非从"给予"意义发展而来的。我们不认为是这样。理由有三:

(1)在"赐"和"使"所组成的结构中,它们动词的用法和致使结构的用法都是不一样的。例如,"赐"用于双宾语结构而"使"从未充当过双宾语动词。它们构成的致使意义属于不同的语义类别,比方说,"赐"不像"使"一样能够构成无意致使结构。

(2)只有"赐"能用在合成词里,例如,"赐与"或者"赐乞"。这些合成词既有"给予"的意思,也有"致使"的意思。

(3)"赐"和"使"声调不同。"赐"是阴去字而"使"是阴上字。

4. "赐"作致使动词之谜

看来,我们在早期闽南方言研究之中,遇到了一个有趣及需要被破解的谜,即:一方面,从 *Doctrina* 的例句中我们知道"赐"完全可以用作致使动词,而另一方面,无论在早期文献中还是在当代文献中,"赐"作致使动词的用例都很少见。这种现象应如何解释呢？

下面让我们讨论一下有关"赐"的两个事实：

（1）尽管无论在上古文献中还是在现代闽南方言中都没有"赐"作为致使动词的用例，但是，表"给予"义的动词在不同的语言中都是典型的致使动词的来源。因此，"赐"用作致使动词是完全合乎情理的。就像"遗"在汉代作为一个一般的"给予"动词也完全可能用作致使动词一样。

（2）"赐"字的本义是皇帝（或一个居于高位的人）对地位低下的人实施"给予"的行为。在这一点上，我们注意到，在总共32个"赐/赐乞/赐与"用例，包括20例致使结构中NP代表的肇事者，以及12例授予实义动词中NP代表的给予者，所指都是身居高位的人，即：圣母玛丽亚（17例）、上帝（12例）和圣灵（3例）。

由此引出了另一个问题：这个致使动词"赐"是否只是传教士们在翻译过程中一时突发奇想，随意采用的呢？对此，我们有下面五点看法：

（1）在亚洲地区的其他语言，如柬埔寨语中，有两个表"给予"的动词：一是给予地位较低下的人，另一个是给予地位较高的人。这与上古汉语中的"赐"

和"奉"的用法类似，而只有前者才能发展为致使动词，这也和"赐"类似。这是动词的语义和语用意义之间相互作用所产生的制约，即只有处于权势地位的人才能发号施令，才能使社会地位低下的人去执行命令。反过来则无法成立。

（2）众所周知，闽南话中存在着大量的文白异读现象。其中一种是文白两个词并不同源，只是用法相似。根据 Carstairs Douglas 的厦门闽南话字典，表给予意义的词有"赐"[su^3]（文）和"度"[tho^3]（白）。"度"的本义也是"给"，和"赐"一样也能充当表致使意义的标志。"赐"和"度"的这种关系证明"赐"演变成为表致使的标志并不令人惊讶。

（3）尽管"赐"与"度"这两个词在词源上没有联系，却有密切的纵聚合关系。*Doctrina* 中多用"赐"是由于此书作为经文，采用了早期闽南方言的书面文体，而"赐"正适合于这种文体。

（4）*Doctrina* 的 The Mysteries of the Rosary 一节书面文体色彩很浓，内有大量的"赐"致使句，其肇事者都是玛丽亚。

（5）在《荔镜记》中，"度"作为连动式结构中的与格介词和作为实义动词，并不罕见，共有 21 例。

"度"也有致使用法，不过用例不多，只有 2 例。

我们的结论是，"赐"的用法不是任意的，也不是传教士们杜撰的。从语义学角度来看，由这个词派生出致使意义，顺理成章。而从形态学和词汇学的角度来看，"赐"和"度"的用法与闽南方言中复杂的文白现象也相当吻合。因此可以说，我们在早期闽南话中发现了一个令人感兴趣的语法化现象，即：一个具有明确的"给予"意义的动词"赐"发展成为一个致使动词。

注：曹茜蕾、贝罗贝，原文载于《方言》，2007 年第 1 期。

十五
二十世纪以前欧洲汉语语法学研究状况

1. 前言

在中国，对于语言问题的研究有着悠久的历史。最早可以追溯到战国时期（公元前475—前221年）。《荀子》（公元前3世纪）这部书特别对语言的性质提出了重要观点。其后，随着历史的发展，各种精心编著的字典和语音、方言及韵律研究相继出现，例如，《尔雅》（公元前3世纪著）、《方言》（公元1世纪著）、《说文解字》（公元2世纪著）、《释名》（约公元200年著）、《玉篇》(公元547—549年著)、《切韵》(公元601年著)、《广韵》(1008年著)、《中原音韵》(1324年著)、《康熙字典》(1716年著)等。

然而，直到19世纪末，中国语言学传统仍存在着一个缺陷，那就是关于语法的研究一直没有真正出现。虽然有些著作谈语法问题，但是只是零散的、没有系统的分析。这些著作包括：陈骙的《文则》(1170年)、卢以纬的《语助》(1311年)、刘淇的《助字辨略》(1711年)、袁仁林的《虚字说》(1710年)、王引之的《经传释词》(1798年)。

直到距今一百年的1898年，才可以看到中国人写的第一部汉语语法著作。这本书就是马建忠（1844—1900年）编写的《马氏文通》。该书深受中国传统染濡（我们可以看到《文通》对上文列举的著作做了诸多分析），但基本上是以西方语言概念为基础的作品，采用了印欧语言同类著作的模式。本文的第二部分将对该书进行简单的叙述，在这部分中我同时会介绍法国的《普遍唯理语法》(*Grammaire générale et raisonnée*)（1660年著）。我认为本书对《文通》写成起了很大的启发作用。

首先介绍由西方学者编写的汉语语法书，这些书很可能是《马氏文通》曾做参考的书籍。1898年以前没有由中国文人编著的汉语语法书，但自16世纪起，有不少由西方传教士及早期汉学家编辑的著作。对这些著作的彻底整理工作到今天还没有完成。这些书对几世纪前汉语（国语及方言）的研究提供了极为宝贵的资料。在此选择其中几部最重要的著作，它们是：Francisco Varo（1703年）*Arte de la lengua mandarina*, Joseph Prémare（1728年）*Notitiae Linguae Sinicae*, Joshua Marshman（1814年）*Clavis Sinica*, Robert Morrison（1815年）*A Grammar of the Chinese Language*, Abel Rémusat（1822年）*Elémens de la grammaire chinoise*, Georg von der Gabelentz（1881年）*Chinesische Grammatik*。

2. 20世纪前的西方语法书

2.1

称得上最早的汉语语法著作应该是由弗朗西斯科·瓦罗（Francisco Varo）神父编写的《国语语言文法》（*Arte de la lengua mandarina*）。该书在1703年于广州木刻初版。此书以西班牙语写成，没有包含任何汉字。作者是一位多米尼加的传教士，他仅对当时的白话语言提出了一些规则，没有分析古代汉语（文言文）。

除去作者对汉语发音及汉人风俗习惯的详细叙述，书中只剩下不足30页真正的语法分析。这些语法分析是依照著名的《拉丁文文法入门》（*Introductiones Latinae*，1481年）的模式编写的。《拉丁文文法入门》作者为艾里约·安多尼奥·内不列加（Elio Antonio Nebrija，1441—1522年）。这本书受了意大利人文主义作品的启发，是为教学而编写的语法书。内不列加也写了另外一部语法书叫作《卡斯特兰语文法》（*Gramatica de la lengua castellana*，1492年），虽然这部书在18世纪以前没有再版，但瓦罗神父仍有可能看过此书。

可以肯定地说，作者希望将汉语纳入印欧语言的类别而并没有考虑汉语的特征。例如，他在书中讲到性数格的变化，而这一现象在汉语中并不存在。此书是用下述方式组织编写的：

在第二章谈发音，特别是汉语声调之后，第三章阐述性数格的变化及复数形式；第四章介绍体词（形容词在体词内）及比较级和最高级；第五章分析动词、指示词、反复动词、职业名词及词之性别；第六章再次谈到代词（人称代词、指示代词、关系代词、相互代词）；第七章分以下栏目：感叹词、连词、否定词、反问词、条件式词；第八章叙述动词及动词变位；第九章主要讲被动式句；第十章谈介词及副词，是该书最丰富的一章。它对列出的大量副词进行了解释与翻译，并以西班牙文字母顺序进行排列。第十一章只有几页，主要解释句子的组成。第十二章讨论数词。最后第十三章主题为助词。

2.2

约瑟夫·培马尔（Joseph Prémare）神父所著《汉语分析》（*Notitiae Linguae Sinicae*）是用拉丁语写的。这部书同时概括了古代汉语和白话文，并且分别得很清楚：书中对古代汉语和白话文所阐述的规则也不同。另外，作者举出了大量例子，大致不少于 12000 个例句和 50000 个汉语词。

此书特别注重阐述汉语的修辞特征。作者充分地讨论了文体和组织。书中真正属语法分析及句法解释的内容也不少，只是湮没在一大堆各具特色的讨论里，难以看出其一贯性。

第一部分（文言文）和第二部分（白话文）使用了同一术语。有时例句到底是文言文还是白话文，并不容易分辨。

培马尔将汉语的字（lettera）作为语法的基本单位。他认为字有487个音（soni）和4个调（accente）。它们组成1445个音节（voces）。之后，作者采用实词和虚词的传统分法，却又按照西方词类分法将它们分类：体词（包括名词和形容词）、代词、动词（系词、助动词、主动词、被动词等）、副词、介词、连词、助词。其中体词部分又区分成不同的格：主格、宾格、属格、与格、处格和等格。时态和语式的分析则在动词一章中。

这部著作明显的缺陷是对句法的解释。

培马尔采用拉丁语的模式来解释中国语言。因而汉语语言的很多现象往往只能被扭曲以便套进拉丁语模式。作者没有深入研究出一种考虑汉语特征的术语，而只简单地采用了他所了解的拉丁语术语。

这部书在1728年写成，但晚至1831年才在马六甲（Malacca）出版。主要是当时英国新教徒向斯达尼斯拉斯·瑞里安（Stanilas Julien）要求复制手稿。这部著作对后来语法书的发展起了重要影响。

2.3

约瑟华·马斯曼（Joshua Marshman）的《中国言法》（*Clavis Sinica*）于1814年在赛朗波城（Serampore）出版，而罗伯特·默里森（Robert Morrison）的《汉语语言文法》（*A Grammar of the Chinese Language*）于1815年也同样在赛朗波出版。这两部书不如前几部著作重要。它们实际上是翻译过来的语言教材而不能说是真正的语法著作。

马斯曼的著作实际上是他对孔子《论语》的翻译（1809年出版）的进一步延伸。作者大部分篇幅局限于对《论语》的一些例句做分析。换言之，这是一本基于单一古典文献所作的文言文分析著作。作者同时使用冗长的篇幅解释中国的社会及人类学特征，与语言本身并无任何关联。书中举出和翻译的例句也不多。

默里森的著作更应归类为教学课本。作者到了中国以后，注重寻求与英语会话中常用句等同的汉语句子。这部著作对将英文翻译成汉语有帮助，但不能把它看作一本真正能指出语言规则的语法著作。

2.4

阿贝尔·何穆赛特（Abel Rémusat，1788—1832 年）的《汉文启蒙》(*Elémens de la grammaire chinoise*) 于 1822 年出版，1857 年再版。可称作第一部对汉语作逻辑综论及结构分析的著作。在很长一段时间里，这部书被用作参考书籍，至少一直到安东尼·巴三（Antoine Bazin, 1799—1863 年）的《汉语官话语法》(*Grammaire mandarine*，1856 年)，与斯坦尼斯拉斯·瑞里安（1797—1873 年）的《汉语新句法》(*Syntaxe nouvelle de la langue chinoise*)。瑞里安是何穆赛特最出色的弟子，也是欧洲 19 世纪下半期公认的汉学大师。

如同作为《汉语分析》一书之参考的培马尔神父的语法著作一样，何穆赛特在他的著作中很明确地将古典的文言与官话的白话区分开来。这两种语言在两个不同部分给予阐述："古典文体"和"现代文体"。这两部分采用相同的组织方式来讨论不同的类别。具体章节划分如下：名词、形容词、专用词、数词、代词、动词、副词、介词、连词、感叹词、助词及惯用语。

与以前论著相反，何穆赛特没有在描述的汉语语言中勉强加入印欧语言的常见规则。他如实地处理了汉语本身的特点，并且直截了当地指出汉语中的名词没有性与格，动词也没有时态变式。该著作只是在陈述汉语文言文部分时比较简略（只有几行字解释介词和连词，对副词的解释也不多）。所以说，这部著作的特点在于极具价值的、丰富的白话分析。

2.5

相比之下，乔治·翁·得尔·卡伯兰斯（Georg von der Gabelentz）所著的《汉文经纬》（*Chinesische Grammatik*，1881年）在古代汉语语法方面更为全面，可以说是19世纪末期最优秀的相关著作。书中列出了全部文言助词及它们详细的用法，同时还讲到了各种词源问题。

我们也可以看到在前面著作中提到的详细的词类，对虚字的长篇分析并包括许多例子。书中还对语法功能（主语、谓语、宾语等）及语言组织原则（倒装式、表态式等）进行了分析。

3.《文通》及其溯源

3.1 《文通》的内容概况

对《马氏文通》这本著作已经有过很多分析,在众多的著作中,最近的研究性著作有吕叔湘和王海棻等学者的相关文章。这点并不奇怪,因为这部书对于20世纪几乎全部语法著作都具有很大的影响,甚至《文通》所使用的术语也全部被继承下来。下面请看选自王海棻文章中的图表,作者对《文通》及《现代汉语八百词》(1981年)的用词进行了比较:

《文通》	名字	代字	动字	静字			状字	介字	连字	助字	叹字	
《八百词》	名词	量词	指代词	形容词	数词	方位词	副词	介词	连词	助词	叹词	象声词

在此,我们仅重申《文通》包括三个基本组成部分:词类、句子成分和格。作者称第一部分为字,第二部分词,第三部分为次。最后这部分确实有特别的创意。它模仿了西方语言的语法模式,但后来的语法

学家没有继续这种方式。《文通》另一个独到之处是将"句"和"读"区分开。这一区分始终不是非常清楚,但我们也许可以将它看作我们今天对于句子及分句的划分。

至于《文通》的渊源,明显有两个:作者一方面受传统"小学"的影响,但同时也深受欧洲语言分析方式的影响。作者在书的序部分也多次承认这一点。他特别在跋中强调:"则常探讨画革旁行诸国语言之源流,若希腊、若拉丁之文词而属比之,见其字别种,而句司字,所以声其心而形其意者,皆有一定不易之律;而因以律吾经籍子史诸书,其大纲盖无不同。于是因所同以同夫所不同者,是则此编之所以成也。"他也在例言里写过:"此书系仿葛郎玛而作。"在此,"葛郎玛"一词被选作 grammaire(语法)的翻译词。

下面我们分别讨论《文通》一书的两个渊源。

3.2 传统的影响

马建忠是一位传统的文人。他本可以写一部白话文的语法著作,但他选择的是古典汉语语法。

正如何九盈所提出的,如果将传统的语法研究划分为两大部分,即训诂学与修辞学,那么《文通》一书明显地受二者的影响。马建忠肯定了解陈骙、卢以纬和袁仁林的语法分析(修辞传统)。马建忠从这些著作中借用了许多词语,但他往往对这些词语做新的定义:名、动、读、句。当然还有相对意义的实字和虚字。作者肯定还非常了解训诂学类的著作,如刘淇或王引之的著作。对于后者,马建忠更多地采用著作的语法分析,而较少借用它的用词。

但《文通》所反映的西方影响是最根本的。

3.3 西方影响

中国及西方的学者,特别是中国学者,曾经苦苦追溯对马建忠有过重要影响的西方著作。作者确实承认"此书系仿葛郎玛而作",但是在书中却没有提到任何一个曾被选用为模式的西方著作。

许国璋曾经将《文通》与哈克耐斯(Harkness)的《拉丁语法》(1883年)和上面提到的《波尔洛瓦雅尔语法》(另被称作《普遍唯理语法》,1660年)进行比较。他得出的结论是这两部著作都不能被认作《文通》一书的模式。

贝沃海力（Peverelli）认为斯威特（Sweet，1892年）的英语语法著作及培马尔（1728年）的著作都对马建忠的作品起到了影响，但是也不足以说明这两部著作就是《文通》的模式。

王海棻提出"《文通》表现出明显地模仿西方语法的痕迹"，但她马上又补充说明："但这些模仿之处只表现在一些具体问题上，在《文通》全书中并不占据主导地位，甚至也不占据重要地位。"最后，陈国华在对《文通》与《波尔洛瓦雅尔语法》进行比较之后，得出结论："《文通》却不是一部《波尔洛瓦雅尔语法》式的普遍唯理语法。"然而又承认："《文通》是一部以普遍唯理语法作为理论基础，模仿西洋语法体系而充分注意汉语特点，非严格意义上的古汉语语法。"

下面，我们将进一步阐述马建忠取用并由此编写《文通》的两大素材来源，即由西方学者撰写的汉语语法和印欧语言语法。

3.3.1 西方学者撰写的汉语语法

很难想象瓦罗的《国语语言文法》这一著作曾是马建忠采用的重要模式。而且，这部著作在19世纪时已经很难找到。在《文通》一书中，我们也看不到引自该书的任何分析。

同样，对于马斯曼所著的《中国言法》（1814年）和默里森的《汉语语言文法》（1815年），马建忠似乎都没有什么了解，或者说，就算他曾读过这两部书，对他作《文通》也并没有什么影响。

最后，我们可以自信地肯定马建忠当时不了解卡伯兰斯（Gabelentz）所著的《汉文经纬》。假如作者曾经读过这部书的话，那么可以肯定《文通》的特殊语法分析应该不一样。况且《汉文经纬》在1881年才第一次出版，当时马建忠已经离开欧洲了。再者，这本著作是用德文撰写的，而马建忠虽然十分了解希腊文、拉丁文、法文和英文，但是并不懂德文。

所以只剩下培马尔（1728年）及何穆赛特（1822年）的语法著作。

贝沃海力也许说得对，他认定培马尔的著作确实对《文通》起了影响。这部著作，实际上也许可以说是马建忠在上海森伊捏斯（Saint Ignace）教会学校读书期间，最早接触的语法著作之一。这早期的接触远在他于1875年（或1876年）至1880年被送到法国留学之前。实际上，我们知道当时该教会学校的耶稣教会神父就是用这部著作作为语法参考书的。同时，不难看出这两部著作有着共同点，特别在组织结构方面。

还有可能马建忠也曾读过何穆赛特的著作。这本书1857年在法国再版，而且自此以后广泛流传。所以，马建忠于1875年（或1876年）至1880年在巴黎期间，理应很容易看到这本语法书。不过，这本书对《文通》并没有很大的影响。原因是：其一，《汉文启蒙》对古代汉语部分没有很深的论述，而《文通》主要分析古代汉语；其二，马建忠的观点有时与何穆赛特的观点有对立的地方。后者确实希望避免将西方语言的规则套用于汉语，而马建忠却恰巧相反，专门寻找汉语与西方语言在句法上的共同点。

3.3.2　西方学者撰写的印欧语言语法

事实上，当马建忠谈到西方语法模式时，他所想到的主要是西方人撰写的西方语法著作。

我想做以下的假设：在马建忠所掌握的语法著作中，《波尔洛瓦雅尔语法》很可能是对他影响最大的语法书。这本17世纪的书同样影响了19世纪大部分西方语言著作。随后比较文法理论才开始在西方广泛流传。

据我们了解这部语法著作在 1803 年至 1846 年期间，在巴黎曾 6 次再版。该书当时被叫作 *LA Grammaire*（即最主要的语法书）。所以，马建忠在写到"此书系仿葛郎玛而作"时，所指的很可能就是这本《波尔洛瓦雅尔语法》。

这一假设是基于这样一个事实：两本语法书所采用的哲学系统是相同的。正如陈国华指出的："在理性和语言二者的关系问题上《语法》和《文通》作者的观点十分相似。"

文末附表将两部著作所用词语作比较，显示两书之间众多相似之处。《文通》用了《波尔洛瓦雅尔语法》的一些概念，而这些概念在以前的汉语语法中并不存在，如关系代词。这众多相似之处很难说只属偶然的巧合。

附表：

《文通》	《波尔洛瓦雅尔语法》

1. 字

《文通》	《波尔洛瓦雅尔语法》
一名字	Substantif（名词）
公名	général（普遍名词）
群名	collectif（集合名词）
通名	adjectif（抽象名词）
本名	nom propre（专有名词）
一代字	Pronom（代词）
发语者	première personne（第一人称）
与语者	deuxième personne（第二人称）
所谓语者	troisième personne（第三人称）
重指代字	réciproque（相互代词）
接读代字	relatif（关系代词）
询问代字	interrogatif（疑问代词）
指示代字	démonstratif（指示代词）
一静字	Adjectif（形容词）
象静	adjectif（形容词）
滋静	nombre（数词）
一动字	Verbe（动词）
外动字	transitif（及物动词）

自反动字	réciproque（相互动词）
施动	actif（主动）
受动	supin（被动）
内动字	intransitif（不及物动词）
同动字	copule（系词）
助动字	auxiliaire（助动词）
无属动字	impersonnel（无人称动词）
动字相承	infinitif（不定式）
?	neutre（中性）
一状字	Adverbe（副词）
一介字	Préposition（介词）
一连字	Conjonction（连词）
一助字	?（助词）
一叹字	Interjection（感叹词）

2．词

一起词	Sujet（主语）
一止词	Objet（宾语）
一转词	?（状语?）
一表词	Attribut（谓项）
一司词	Objet de préposition（介词宾语）
一加词	?（状语）
一前词	Antécédent（先行词语）

—后词　　　　　　　？（后行词语）
—状词　　　　　　　？（状语）

3．次

—主次　　　　　　　Nominatif（主格）
—宾次　　　　　　　Accusatif（宾格）
—偏次　　　　　　　Génitif（属格）
—同次　　　　　　　Apposition（同位）
—转词？　　　　　　Datif（与格）
—？　　　　　　　　Vocatif（呼格）
—转词？　　　　　　Ablatif（夺格）
　读　　　　　　　　Proposition（分句）
　句　　　　　　　　Phrase（句子）

注：贝罗贝，原文载于《中国语文》，1998年第5期。

致　谢

首先，我要对贝罗贝教授表示深深的谢意。作为本书的主人公，他不仅花费大量宝贵时间配合我的访谈，而且向我发来赴法的邀请信、帮我预订饭店，书中收录的论文和珍贵的照片也都是由他提供的。毫无疑问，没有贝罗贝教授的全力支持，本书的出版是不可能的。其次，感谢北京大学国际合作部的各位领导和工作人员。夏红卫部长非常重视这套国际校友的访谈丛书，陈峦明仍与以前一样悉心安排与访谈相关的事宜。没有他们的支持和帮助，本书的出版也同样是不可能的。我还要感谢北京大学政治管理学院的姚静仪副院长，她本科和硕士都是在北京大学中文系主修汉语语言学，几年前到我们学院攻读在职博士学位。本书收录的对蒋绍愚教授的采访、贝罗贝教授的六篇学术论文都是她逐字逐句审改的，花了不少时间和精力。最后，感谢北京大学出版社的丁超、周彬以及李冶威，本书的出版离不开他们细心、细致的编辑。

由于学术水平等方面的局限，本书一定存在着我没有意识到的各种不足，恳请读者批评指正。

孔寒冰
2017年8月于五道口嘉园